临夏州史话丛书

康樂縣史話

政协临夏回族自治州委员会 编

甘肃文化出版社

图书在版编目（CIP）数据

康乐县史话 / 徐正文主编. -- 2版. -- 兰州：甘
肃文化出版社，2017.7
（临夏州史话丛书 / 乔跃俭，丁秀平主编）
ISBN 978-7-5490-1391-3

Ⅰ. ①康… Ⅱ. ①徐… Ⅲ. ①康乐县－地方史 Ⅳ.
①K294.24

中国版本图书馆CIP数据核字(2017)第159301号

康乐县史话

徐正文 | 主编

责任编辑 | 原彦平　赵宇翔
封面题字 | 丁秀平
封面设计 | 苏金虎

出版发行 | 甘肃文化出版社
网　　址 | http://www.gswenhua.cn
投稿邮箱 | press@gswenhua.cn
地　　址 | 兰州市城关区曹家巷1号 | 730030(邮编)

营销中心 | 王　俊　贾　莉
电　　话 | 0931-8454870　　8430531(传真)

印　　刷 | 甘肃天地印务有限公司
开　　本 | 787毫米×1092毫米　1/16
字　　数 | 220千
印　　张 | 15
印　　数 | 1-10000册
版　　次 | 2017年7月第2版
印　　次 | 2017年7月第1次
书　　号 | ISBN 978-7-5490-1391-3
定　　价 | 51.00元

临夏州史话丛书编委会

主　　　任	杨元忠	州委书记
	马明杰（回族）	州人大常委会主任
	马学礼（回族）	州委副书记、州长
	王正君	州政协主席
副　主　任	苟天宏	州委副书记
	郑筱筠（女）	州委副书记
	曹正民（回族）	州委常委、临夏市委书记
	王建华	州委常委、州委宣传部部长
	赵廷林（东乡族）	州委常委、广河县委书记
	马国兴（东乡族）	州委常委、州委统战部部长
	沈国伟	州人大常委会副主任
	安华山	州人大常委会副主任、临夏县委书记
	魏贺生	州政府副州长
	乔跃俭	州政协副主席
委　　　员	高永平	州委秘书长、州直机关工委书记
	肖永华	州政协秘书长
	李建录	州财政局局长
	祁文明（东乡族）	州民族事务委员会主任
	金有录（回族）	州卫生和计划生育委员会主任
	谭得胜（回族）	州地方志办公室主任
	丁秀平（回族）	州政协文史和学习委员会主任
	李国辉	和政县委书记
	马生荣（回族）	东乡县委书记
	尹宝山	永靖县委书记
	马正业（回族）	积石山县委书记
	吴国峻	康乐县委书记
总　主　编	乔跃俭	
	丁秀平	
执行总主编	丁秀平	

《康乐县史话》编委会

总　序

中共临夏州委书记　杨元忠

以史为鉴，可以知兴替。

正当全州上下深入学习贯彻习近平总书记系列重要讲话精神和治国理政新理念新思想新战略，全面建成小康社会、建设幸福美好新临夏的关键时期，临夏州史话丛书经过多方努力，正式出版发行，与广大读者见面了，这是一件意义深远的事。这套史话丛书的出版，有助于我们更好地了解临夏的历史，把握临夏的今天，展望临夏更加美好的未来。

临夏州史话丛书是一套全方位介绍临夏历史的通俗读物。丛书共12册，卷帙浩繁、工程宏大，史料充实、详略得当，立意新颖、图文并茂，把临夏的悠久历史、厚重文化、名胜古迹、著名人物、秀美风光、民族风情，一一奉献给读者。一套史话在手，临夏历史风貌一览无余。在此，我向丛书的出版发行表示热烈的祝贺，向参与编纂的同志们致以崇高的敬意！

回顾历史，临夏曾有骄人的辉煌与繁荣。这里历史悠久、文化厚重，早在5000多年前就有先民居住，自秦汉以来就设县、置州、建郡，黄河文化、史前文化、丝路文化、民族民俗文化、红色文化交相辉映，齐家文化、马家窑文化等遗址星罗棋布，是我国新石器文化最集中、考古发掘最多的地区之一，是华夏文明的重要起源地，被誉为"中国彩陶之乡"；民族民俗文化多姿多彩，是世界非物质文化遗产"甘肃花儿"的发源地和传唱地，被命名为"中国花儿之乡"；临夏砖雕、河州贤孝、保安腰刀锻制技艺、莲花山花儿会、松鸣岩花儿会五项民间艺术被列入国家级非物质文化遗产保护名录。这里商贾云集、贸易繁盛，自古以来就是一个有名的商埠，齐家文化遗址出土的玉石、贝壳等，证明早在4000多年前临夏地区就有物资交流和商贸往来，是中国商贸流通的起源地和中国商人的出发地；自汉唐以来，临夏一直是丝绸之路南道要冲、唐蕃古道重镇，是明代著名的四大茶马司之一，被誉为"西部旱码头""河湟雄镇"、陇上八州之首。改革开放后，临夏各族群众东进西出、南来北往，活跃在全国各地，特别是有30多万临夏人活跃在藏区，在藏区与内地经贸往来上发挥着不可替代的作用，费孝通先生曾有"东有温州、西有河州"的赞誉。这里物华天宝、人杰地灵，既有占据六项世界之最的和政古动物化石等自然遗存，又有"黄河三峡"、松鸣岩、莲花山等雄奇秀美的山水风光，更孕育了王竑、王全臣、朱贵、马福祥等历史杰出人物。近现代人才辈出，涌现出了胡廷珍、鲁瑞林、牙含章等革命先辈，他们那种勇于担当、公而忘私、为国为民的精神，一直激励着后世。临夏各族人民忠君爱国、团结和睦的精神，淳朴善良、热情豪放的性格，吃苦耐劳、坚韧不拔的品质，兼容并蓄、开放豁达的胸襟，在历史的长河中薪火相传、历久弥新，成为一笔不可磨灭的精神财富。

展望未来，临夏正坚定地走向崛起和复兴。新中国的成立，开辟了临夏历史发展的新纪元。沐浴着党的民族政策的灿烂阳光，在党中央、国务院的亲切关怀和省委、省政府的坚强领导下，历届州委、州政府团结带领临夏各族人民，在艰难曲折中探索，在开拓创新中拼搏，在改革大潮中奋进，谱写了一曲曲建设幸福美好新临夏的崭新乐章，临夏的面貌和各族人民的生活发生了翻天覆地的变化。党的十八大以来，特别是近年来，我们深入学习贯彻习近平总书记系列重要讲话精神特别是视察甘肃、临夏时的重要指示精神，围绕统筹推进经济建设、政治建设、文化建设、社会建设和生态文明建设的总体布局和协调推进全面建成小康社会、全面深化改革、全面依法治国、全面从严治党的战略布局，坚持以新发展理念引领经济发展新常态，按照"抓脱贫攻坚一号工程、抓项目引擎带动、抓生态绿色发展、抓教育百年大计、抓社会和谐稳定、抓党建根本保证"的思路举措，抢抓机遇、感恩奋进，艰苦奋斗、苦干实干，推动经济社会和党的建设各项事业取得了新的发展和进步，在全面建成小康社会、建设幸福美好新临夏的征程中迈出了坚实步伐，临夏的发展展现出前所未有的光明前景。

历史是最好的教科书，它雄辩地告诉我们，一个地区的发展和兴衰同国家和民族的命运紧密相连，伴随着中华民族伟大复兴的脚步，临夏必将在新的历史进程中创造新的历史辉煌。

是为序。

2017 年 6 月

序

中共康乐县委书记　吴国峻

巍巍太子山下，悠悠洮水河畔，有一颗绿色的明珠。古人给这片热土起了一个名副其实的名字——康乐。当您沿着唐蕃古道进入虎狼关，登上夏牟山远眺，胭脂三川像一幅青绿山水画尽收眼底。正如诗云："太子巍巍气势高，胭脂沃野荡春潮。青山滴翠苍龙舞，碧水蜿蜒银带飘。大道纵横车交错，高楼林立人多娇。和谐盛世民心顺，康乐今朝尽舜尧。"

康乐具有深厚的历史底蕴。早在四千多年前，就有人类在这里繁衍生息，先后有羌、氐、匈奴、蒙古、藏、汉、回、东乡等民族辛勤劳作，共同创造出了灿烂的文明。这里

是马家窑文化、齐家文化、寺洼文化的发祥地，是胭脂赤兔马的故里，是国家级非物质文化遗产——莲花山花儿的故乡，又是红军帮助建立过苏维埃政权的红色革命的旅游地。自北魏以来，境内先后设过蓝川、安乐、长乐、水池、党川等郡县。两千多年中分别隶属陇西、狄道、洮岷、河州等州县管辖，时而为边关前哨，时而成割据飞地。境内的丝绸南路、唐蕃古道、茶马古道横穿东西。朱家山麓、虎狼关口，曾经千年兵燹硝烟；胭脂三川，三岔河畔，孕育了众多志士仁人；莲花山下，洮水之滨，流传着一个个神奇故事；蓝川桑城、景古水池，留下多少如歌往事……

康乐县风景秀丽，景观独特。既有新石器时代的文化遗存，又有天工造化的白石暑雪、药水灵津、麻山激流、亥姆桃花、紫沟烟雨、莲峰云海、墩湾幽峡、海甸平湖、虎狼锁关、茶客古道等十大自然景观，有莲花山、太子山两大自然

保护区，更有传统的"六月六"系列花儿会。荟萃了高原之粗犷、农区之田园、牧区之草畜、旅游区山水之精华，闻名中外的洮岷花儿与原生态山水风光吸引着八方游客。境内植被繁茂，生态多样，山泉喷涌，清溪奔流，森林覆盖率达24%，草场达36.76万亩，孕育栖息着1780多种动植物，占甘肃省物种总数的50%，其中国家级自然保护植物38种，国家级一、二类重点保护动物32种，曾两次被国务院评为全国"造林绿化先进县"，享有"生态博览园"和"生物物种基因库"之赞誉。

康乐投资环境优越，发展前景广阔，是一个农业县、生态县和绿色产业县，素有"胭脂三川米粮川"之美称。近年来，县委、县政府立足资源优势，紧紧围绕省州发展战略和发展思路，深入贯彻"四个全面"战略布局、践行"五大发展理念"，确定了"八围绕八抓"（围绕脱贫攻坚抓农业农

村，围绕提升品位抓城镇建设，围绕夯实基础抓项目建设，围绕特色优势抓产业升级，围绕增进福祉抓民生保障，围绕绿色发展抓生态建设，围绕和谐稳定抓社会管理，围绕责任落实抓党的建设）的总体工作思路和"以旅游产业为引领，以肉牛、劳务、育苗、中药材产业为支撑，促进一二三产业融合发展"的产业发展思路，强化项目建设，引导扶持富民增收产业，优化经济发展环境，加快城镇化建设步伐，全面推进小康社会建设，全县经济社会呈现出持续健康发展的良好态势。特别是项目建设取得重大突破，成为经济社会发展的强力引擎。2016年，完成地区生产总值20.93亿元，完成固定资产投资23.36亿元，产业培育优势凸显，全县肉牛饲养量达20.54万头，育苗留床面积达6万多亩，年输转农村劳动力6万多人，创收入9.33亿元，种植中药材6.6万亩，产值

达2亿元；城镇化建设协调推进，按照"绿色、生态、山水、宜居"的县城定位，坚持高起点规划、高标准建设、高水平管理，重点建设"一湖两山三园四河五桥六区八路"。分批实施棚户区改造工程和道路基础设施建设，县城发展空间不断扩展，人居环境不断优化，县城品位不断提升，辐射带动作用不断增强。精准扶贫精准脱贫工作扎实推进，全面落实"七个一批""1+17"意见方案、"六个精准""853"挂图作业的部署要求，以脱贫攻坚统揽经济社会发展全局。我县康丰乡何家沟村、八松乡纳沟村代表甘肃省，接受了全国精准扶贫建档立卡工作代表团的观摩学习，国务院副总理、国务院扶贫开发领导小组组长汪洋在上湾乡马巴村调研精准扶贫建档立卡工作后，高度评价"精准扶贫就应该这样做"。到2016年底全县贫困人口从2013年的7.65万人降到

3.19万人，贫困发生率从2013年的30.98%下降到12.8%。重点村通村道路硬化率达99.3%。全县自来水管网覆盖率达98%，入户率达93%，教育事业顺利通过了国家两基验收，新型农村合作医疗和药品零差价销售全面实施，农村基础设施条件显著改善，群众饮水难、住房难、行路难、上学难、就医难等问题得到有效解决，生产生活水平显著提高，成为康乐历史上发展最好、最快，群众得到实惠最多的时期。

《康乐史话》第一版于2007年问世，第一次系统地向世人介绍了康乐的昨天，是一本了解康乐、认识康乐的通俗话本，受到社会各界的好评。这次修订，增补了新发现的史料和考证成果，增编了高速发展的现代部分，剔除了个别尚有争议和难以确定的章节，使其内容更全面，史料更准确，特色更突出，立意更新颖，结构更合理。全书以史为纲，览山

川之锦绣，叙远古之文明，探民俗之渊源，筛人物之精英，现发展之壮举，具有较强的知识性、趣味性、可读性，不仅展现了康乐文化成长的历程和先民的智慧与创造精神，而且展现了康乐人民积极健康的心态和顽强拼搏的决心。古人云："以铜为鉴，可以正衣冠；以古为鉴，可以知兴衰；以人为鉴，可以明得失；以史为鉴，可以知兴替。"《康乐县史话》的修订本，不仅为我们深层次地认识康乐打开了一扇窗，也为我们借鉴和汲取康乐发展中的经验和教训提供了难得的载体，对康乐经济社会发展有重要的历史意义。

回顾历史，党和人民充满自信；展望未来，伟大祖国前程似锦。我们衷心地希望这本普及康乐文化及历史知识的书籍对世人进一步了解康乐的风土人情，增强民族自尊心和自豪感发挥应有的作用，鼓舞康乐广大人民群众在建设中国特色社会主义的道路上奋力开拓，为我们全面建成小康社会，实现伟大的中国梦而不懈奋斗！借此真诚地欢迎海内外各界人士来康乐探林海之幽，访人文之胜，溯民谣之源，品山野之味，抒壮美之情！

目　录

风雨沧桑几变迁

　　康乐县位于甘肃省中南部，临夏回族自治州东南，洮河下游西侧。位于东经103°24′—103°49′，北纬34°54′—35°27′，东邻临洮县、渭源县，西接和政县，南与临潭县、卓尼县接壤，北界广河县，南北长56千米，东西宽39千米，面积1083平方千米。康乐县地处黄土高原与青藏高原过渡地带，西南边境为秦岭西延部分，海拔1988~3908米，属低温半湿润地区，年平均气温6℃，光照2242小时，年降雨量564毫米，无霜期136天，适于农作物生长。县境南部群峰叠翠，幽谷碧波；东临洮水，曲绕北流；西部群峰竞立，龙盘蛇舞；北望沃土千顷，阡陌纵横。县境内有闻名遐迩的道教圣地莲花山及六月六花儿会，千年古刹西蜂窝寺以及药水峡、墩湾峡、亥母寺、西拱北等旅游景点。这里是海内外知名的花儿之乡、彩陶之乡。

　　康乐历史悠久，境内先后有羌、狄、氐、匈奴、吐谷浑、鲜卑、吐蕃、蒙古、汉、回、东乡等民族辛勤劳作，共同创造了康乐的历史和文化。已出土的大量文物证明，早在6000多年前，县境内就有人类繁衍生息，创造了较高的古代文明。史载，秦

马家窑彩陶

古人类足迹化石

献公元年（前384年）建立狄道县时，康乐即纳入了秦国的版图。

《魏志》载，北魏太平真君四年（443年）置水池郡，后改县，隶属洪和郡，县治即今景古旧城。太平真君八年（447年）置蓝川郡，后改县，县治即今草滩乡喇嘛山村。北魏孝明帝神龟元年（518年），本地羌人却铁忽起义，自称水池王，都水池县址，不久被北魏大将源子恭攻灭，仍为水池县。隋炀帝大业三年（607年），改枹罕州为郡，隶枹罕、大夏、龙支、水池四县。隋炀帝大业六年（610年），本地羌人在今莲麓足古川建"祝固国"，陷水池县。至唐太宗显庆五年（660年），被吐蕃名王赤祖德赞攻灭，占据五十年。唐玄宗天宝元年（742年），又别置安乐县，属临州，县址即今康丰乡道家村。唐肃宗乾元二年（759年），改安乐县为长乐县，属狄道郡。唐代宗宝应元年（762年），长乐县被吐蕃攻占，属武胜军，建置无存。宋神宗熙宁六年（1073年）春，北宋熙河路临洮、河州安抚使王韶渡洮河击败木征，修康乐城（道家村）、刘家川堡（今流川古城村），归熙州。五月，改康乐城为康乐寨，刘家川堡为当川堡，并隶河州。金熙宗皇统二年（1142年），升康乐寨为康乐县，辖临洮、渭源、南川三堡，升当川堡为当川县，辖通谷堡，二县均隶临洮府。元世祖至元二十七年（1290年），废康乐、当川两县，并入狄道县。

明代，今县境设有基层行政组织"里甲"，景古里、胭脂里、莲花里、当川里属河州。康乐里属狄道州。沙马里为沙马族土司领地，属岷州厅，清初仍之。清雍正四年（1726年），清政府推行"改土归流"，废沙马族土司，地归狄道州。清同治十一年（1872年），狄（道）、河（州）两州重堪地界，南至今和政县松鸣岩山梁，东至洮河，北至新路坡140里，

虎关水磨

东南至洮河170里，西南至松鸣岩110里交狄道州界。

康乐县境原为临洮所辖。民国十九年（1930年），杨世昌（康乐麻湾人，曾任临洮、永靖县长）联络社会各阶层人士，奔走呼吁，向省政府提出析置康乐之建议，初准后，建议以宋代"康乐寨"故名定名。民国二十一年（1932年），甘肃省政府决定将康乐从临洮县析置，先设"洮西设治局"，翌年更为"康乐设治局"，民国二十九年（1940年）正式设康乐县治。

"洮西设治局"在原新集堡子，该城堡筑于明代，占地五十多亩。堡内有几户居民和一条60米长的小街道，只有一个城门出入。多方建议将中砥河（又名溪水河）从张寨附近改道疏入胭脂河，腾出河床及林地建设县城。各乡派民工开渠筑坝，历时两个多月，中砥河改道完工，在河坝林地规划县址，两条街道交汇成一个"十字"，叫"新治街"，修建小学一所，叫"新治街小学"。县政府坐北向南，其他机关还有国民党县党部、三青团、参议会、粮库等，地方武装保安大队驻在堡子。

民国三十年（1941年）修建县政府，一进三院，衙门仿古典式八字门，一排三个门，门前两侧有廊房，植柳树两株，即今县委门口两棵大柳树，人称"姊妹树"。1942年县政府修成，由堡子搬进新衙门。1943年9月，中砥川遭特大暴雨，山洪暴发，将河堤冲垮，新建县城遭水灾。县城面积约600多亩，三面环水，周围森林密布，掩映在绿荫丛中。

民国三十四年（1945年），经县政府协商研究决定，参议会讨论批准修筑县城。成立城工委员会，为常设机构，负责筑城事务，作出规划。原

民国时期康乐县政府大门旧址

计划4年完成，每年需民工5万人，四年共需20万人，需资金2350万元。民工们安营扎寨，吃住在工地，用牛车拉土，人力夯筑，开工一年半，才筑成四个城角子和北面200米长的一段城墙。按此进程，十年才能完成，民众苦不堪言。筑城之事也因之停止。

1949年8月，康乐解放。康乐初中成为解放军骑兵团团部，中学迁"康乐回民教育促进会"，即现康乐一中校址。1951年驻军换防撤离后，县人民政府由堡子迁初中校址，县委仍在堡子。1955年，在今县政府地址新修县委用房，1956年建成后由堡子搬出。

1959年，和政、康乐、广河三县合一，康乐并入和政县，县委、县政府撤销，县委由康乐人民公社占用，县政府为招待所。1962年，和政又分县，恢复康乐县县制。

改革开放以来，县城面貌发生翻天覆地的变化，面积比原来扩大了五倍多，楼房代替了瓦房、土坯房，建成了五纵四横的交通网络，高楼林立，交通便利，呈现出一派欣欣向荣的景象。

康乐县城

彩陶之乡溯远古

在过去的康乐人眼里，陶器只不过是古人用过的瓦罐。20世纪六七十年代以前，许多农户家中都使用出土陶器，形态完整的用来装杂粮、饲料、菜籽、鸡蛋等杂物，有的还用作夜壶。残缺的陶器、祭祀器随地乱扔，人们对其文化价值知之甚少。

在20世纪70年代的农田基建中，发掘出大量陶器，文化馆以每个0.5元至2元的单价收购。20世纪90年代以来，群众对陶器等文物有了新的认识，加之县文化馆没有文物征集经费，新发现的陶器大多被民间人士收存。

康乐境内的古文化遗址主要分布在流川河、胭脂河、苏集河及洮河沿岸的台地上，以流川、虎关、康丰、苏集、附城等地最为集中。1976年临夏州文物发掘普查时，在康乐境内发现新石器时代的文化遗址80多处，有出土文物的31处，墓葬（汉墓）2处，征集各类文物781件。虎关乡边家林遗址、王家遗址被列为省级

康乐马家窑彩陶

文物保护单位。苏集乡高楼子的献羊树遗址和塔关河商罐地遗址，虎关乡椿树的苏家地遗址、下坟渠遗址、大沟沿遗址，三十里铺的堡洼遗址，八松乡的马家寨汉墓，附城中元村汉墓，马沟门、莲麓下乍遗址等为县级文物保护单位。这些古遗址中具有代表性的是边家林遗址和下乍遗址。出土的石器有石斧、石刀、石铲、石凿、石锛等，玉器有玉玺、玉瑾、玉玦等。陶器为出土文物的主要部分，类型较多，可分为储藏器、饮食器和炊器。储藏器有双耳罐、瓮、壶等，饮食器有碗、钵、斗等，炊器有加砂侈口罐鬲、釜等，骨器有骨针、骨锥、骨珠等。1981年边家林遗址出土的骨珠，一串有85颗。另外，还发现了铜镜、铜佛、铜币、铁犁等。

康乐紧邻临洮县、广河县，马家窑、半山、齐家、寺洼和辛店等文化遗址命名地距康乐县最近的仅十多公里，最远的只有五十多公里。

马家窑文化是新石器时代晚期的一种文化类型，因首先发现于临洮县马家窑而得名，属仰韶晚期文化，主要分布在甘肃省西部地区，波及青海境内。在康乐县境内主要分布于苏集乡的丰台，虎关乡的关丰、椿树、吴坪等地。马家窑文化主要经历了马家窑—半山—马厂三个发展阶段，距今4000年至5100年。

苏集境内出土的马家窑陶瓶，高17.5厘米，口径5.6厘米，泥质红陶，丛丛变叶排列对称，线条尤为流畅。边家林出土的彩陶包括罐、壶、瓶、瓮、盆、钵、碗等。泥质红陶，平口，短颈，阔肩，腹部逐渐下收，平底，有对称的双环形耳，施黑红色彩。纹饰分三层，颈部平行弧线纹，肩部旋涡纹，腹上部为水波纹，还有锯齿纹、三角纹、葫芦形网格纹等。边家林彩陶大多属于半山类型，其中边家壶（残裂）最具典型特征，泥质红陶，高44厘米，腹径33厘米，口径100厘米，颈部饰网格三角纹，肩部饰黑红水旋纹，腹部饰黑彩，单旋纹。还有一件边家林壶，高29厘米，口径10厘米，泥质红陶，黑红两彩，颈部饰平行线纹，肩部饰弧线锯齿纹，腹部饰平行水波纹，仅临夏州博物馆就藏有272件。

马家窑文化的遗物表明，原始人类的生产技术有了提高，生活经验进一步丰富，人们已进入定居的农耕生活，原来主要从事狩猎的男子逐渐转入农耕、饲养和制陶，他们在生产中的地位变得重要起来。同时，生产技术的发展为个体家族的独立生产创造了条件，妇女在生产和生活中的领导地位开始动摇。

马家窑、半山、马厂三个类型的彩陶是一脉相承的。由于生产力的逐步提高，社会的发展，意识的变化，在不同的发展阶段中，它们各自呈现出不同的艺术风格。

半山彩陶的图案，以繁密为特色，丰富的图案与饱满的造型使彩陶显得绚烂华丽。半山类型的出现，表明马家窑文化进入了繁荣时期，用色特点为红黑并用。马厂类型是半山类型的继续和发展。

半山文化和马厂文化主要分布于县境内的流川、虎关、康丰、上湾等乡。出土的双耳彩陶最有特点，纹饰为虚实网格，施黑红两彩，富有美感。出土的双耳彩陶壶较大的高30厘米，腹径28厘米，口径11厘米，施黑红两彩，前后饰圆头蛙纹，形象生动。

齐家文化产生于公元前2000年左右，在康乐境内分布最为广泛，

康乐县博物馆藏文物

数量最多，主要分布在流川河、苏集河、中砥河、三岔河沿岸。出土的陶器中，以素陶著称。齐家文化略晚于半山时期，是新石器时代与青铜器时代的交替时期。苏集出土的齐家陶鸭，高12厘米，长24.7厘米，腹径11.4厘米，鸭形，壶体，曲颈长腹，造型别致，比较少见。齐家陶器陶质细腻，器型多样，多为泥质红陶，主要器型有双耳罐侈口瓶、三耳罐、鸟形壶、兽形罐等。

康乐出土的马家窑文化彩陶

齐家文化反映了人类文明的进一步提高。除陶器之外，先民们开始学会了制造铜器。由于制陶业的发展，人们对火候的掌握逐渐熟练起来，将矿石冶炼出来，浇铸成各种精巧的小器具。当时人们还不知道冶炼铜锡合金，所以制造出来的多为质地单一的红铜器，数量也很少。

辛店文化、寺洼文化因首先发掘于临洮县辛店、寺洼而得名，距今2000年至3000年。在康乐县境内主要分布于洮河沿岸，以莲麓、景古两乡最多，质地为泥质红陶，马鞍口沿，宽肩束腰小底，为寺洼文化典型陶器。征集到的一件鬲，高41厘米，口径31厘米，腹径38厘米，袋状三足，并有火烧痕迹，对研究先民的原始生活有重要价值。

辛店文化彩陶是西北地区青铜器时代的产物，晚于齐家文化素陶。寺洼素陶也是青铜器时期的产物。

原始农业的出现、陶器的制造、磨光石器的广泛使用是新石器时代最重要的标志。从马家窑文化的繁荣到

边家林出土的彩陶

寺洼文化的衰落，预示着一个新时代即青铜器时代的到来。

康乐地处洮河之滨。在远古时期，这里林密草茂，水源充足，气候温和湿润，适宜于人类的生存繁衍。先民们在这片古老的土地上，创造了灿烂的远古文化。

三岔河畔多遗址

康乐古文化遗存遍布全县各乡镇，但主要集中在流川、虎关、康丰、苏集、附城、莲麓等乡镇的沿河台地上。经1975年、1995年、2009年多次普查、复查，共有新石器文化遗址130多处，有出土文物的50多处，明以前古城遗址6处，古关隘6处，保护完好的清乾隆古建筑1处。新发现的马家窑文化遗址有康丰乡杨家庄、后赵家、虎关乡杜家湾；寺洼文化遗址有莲麓镇低寺坪等十余处，都有文物出土。新考证确认的古城遗址两处。下面是未单列介绍的部分遗址。

王家遗址　位于虎关乡关北村王家，三岔河北岸第二台地，保护面积150米×40米，属齐家文化类型，距今约4000年（相当于夏朝，康乐境内为氏族部落时期），出土文物较多，为省级文物保护单位。

椿树遗址　位于虎关乡关北村椿树，三岔河北岸第一台地，保护面积100米×150米，属马家窑、半山文化类型，距

王家遗址

今5000年至4000年，相当于五帝时期，康乐境内处于母系氏族公社时。遗址以西的杜家窑在2000年后又相继发现同一时期的墓葬群，出土有马家窑彩陶。为县级文物保护单位。

大沟沿遗址 位于虎关乡关北村以东第三台地，保护面积400米×180米，属齐家文化类型，距今约4000年，相当于夏朝。出土文物较多，主要为彩陶类。为县级文物保护单位。

堡洼遗址 位于虎关乡三十铺村堡洼社西山台地，保护面积200米×120米，属马家窑、马厂、齐家文化类型，距今5000年至4000年，相当于五帝时期。为县级文物保护单位。

献羊树遗址 位于苏集镇高楼子村西山台地，保护面积150米×200米，属半山、齐家文化类型，距今4000年，因有祭祀献羊树，故名，为县级文物保护单位。

商罐地遗址 位于苏集镇塔关村以西台地，保护面积100米×200米，属齐家文化类型，出土文物以商罐为主。并有同期墓葬穴。为县级文物保单位。

地乍山遗址 位于莲麓镇下乍村地乍山社，保护面积200米×150米，属寺洼文化类型，距今约3000年（为中原周代），陶罐特点为马鞍形口，为氐、羌原始文化。主要分布在洮河中上游。为县级文物保护单位。

马沟门遗址 位于流川乡苏家村流川河北岸马沟门，保护面积120米×200米，属齐家文化类型，距今4000年（为中原夏代），为县级文物保护单位。

马家寨汉墓 位于八松乡新庄村马家寨（八松河南岸）。1973年发现，为砖室墓，并发现古币多枚。为县级文物保护单位。

西蜂窝寺 位于鸣鹿乡洼滩村西山卬，系藏传佛教寺院，始建于东汉章帝建初九年（83年），寺内供有香巴佛鎏金铜像、明朝永乐皇帝敕谕，本寺曾有11代主持先后被敕封为帝师、国师、法王。寺藏历代名家书画多幅，寺属山林三百余亩，为县级文物保护单位。香巴佛、皇敕为国家三级文物。

土司城遗址 位于苏集镇以南鱼嘴山上，城池占地四十余亩，城墙高二丈余，墙厚一丈余，建于元代，是沙马十九族之一的沙马族自治首府。现城墙完好，城内已无建筑物，有关沙马土司苏成威的佚闻传说很多。

水池城遗址 位于景古镇东面的角麻墩山尾台地上，东西宽300多米，南北长500多米，始建于北魏，太平真君四年（443年）置水池郡，后改县。隋时为水池县县城，唐废。现城墙亦存，城内无建筑物。

景古城遗址 位于景古镇北台地。东西约300米，南北约500米，外墙高达20米，墙头宽6米。该城始建于金代，明时设景古里，历代为兵家必争之地。现城内住有当地居民，部分城墙已毁。

党川堡遗址 位于流川乡上古城村，始建于宋熙宁六年（1073年），为王韶所筑，金皇统二年为党川县县城，元世祖至元二十三年（1286年）废党川县，地名沿用。

祝固国遗址 位于莲麓乡足古川村。隋大业六年（610年），本地羌人建祝固国，继而攻灭水池县，至唐太宗显庆五年（660年）被吐蕃王赤祖赞德攻灭。现城郭无存，仅留砖石墙基，地名沿用，祝固变音

关北马家窑文化遗址

为足古。

安乐城遗址 位于康丰乡道家村，三岔河北岸第二台地，唐玄宗天宝六年（742年）置安乐县，唐肃宗乾元二年（759年）安乐县改为长乐县。唐代宗宝应元年（762年）被吐蕃攻占。北宋熙宁六年（1073年）河州安抚使王韶在原地筑康乐寨。现城郭无存，仅留遗址。

亥姆寺遗址 位于虎关乡吴坪村夏牟山。遗址面积约2万平方米。始建于唐，为藏传佛教寺院，明代变为汉传佛教寺院，明永乐年间达到鼎盛，有寺院十多处，山门位于现吴坪村法门，宋、元、明砖瓦、柱石、基石、屋顶构件散布面积较广，腰崖凿有佛龛和栈道。清时又名云界寺，有寺属山林500多亩，以毛桃、三样柳闻名。

天人合一万物生，祖先笃信拜图腾。
抓鱼捕蟹学蛙泳，狩猎耕田祭幽灵。
黏土烧烤盛水器，骬骨磨锉镘衣针。
百年随葬坛坛罐，创意子孙细点评。

边家林文化遗址

边家林遗址位于康乐县城以北3.5公里处三岔河北岸第三台地关丰村边家林，为马家窑文化半山早期边家林式遗存。是省级文物保护单位，距今有四千多年的历史。边家林遗址南邻三岔河，北靠拉柴洼山，西至北山造林站林场，东接范家坪。东西长约500米，南北宽约300米，总面积约15万平方米。遗址除马家窑文化边家林墓地外，还有齐家、辛店文化遗址。在边家林西约80米处第二自然台地断面上有大量陶片、残石器、骨器等遗物和大面积灰层（厚0.2~0.5米）、灰坑、白灰居住面等遗迹。陶片有夹砂粗陶和泥质橙黄色陶，泥质陶素面较多，饰有竖兰纹、绳纹、压印纹等，夹砂粗陶多饰附加堆纹，该台地属齐家文化遗址区。辛店文化陶片多发现于址东北靠近范家坪一带。遗址西端一块台地上发掘墓地面积425平方米，清理墓葬17座、灰坑1个，出土器物1080件，其中生活用具158件，征集保存118件，生产工具27件，装饰品894件（包括5座墓出土的880枚骨珠）。生活用具均为陶器。生产工具有石器、骨器、陶器三类。葬式有扰乱葬和侧身屈肢葬等。出土器物有壶、瓶、盆、夹砂缸、钵等。其中壶数量最多。其特征为口沿普遍有折檐唇式或包唇式，口部多有较大的鸡冠式穿孔小附耳。花纹以颈、肩、腹三组图案组成。颈、肩相交处多饰平行线纹。出土器物序列排比，边家林属新石器时代晚期马家窑文化，是马家窑类型到半山类型时期的过渡类型遗存。

边家林彩陶主要器型是罐、壶、瓶、瓮、盆、钵、碗等，泥质红陶，出现黑红彩，纹饰以颈部、肩部、腹部三组图案构成，常饰水波纹、平行弧线纹、宽带纹、锯齿纹、三角纹、葫芦形网格纹等。边家林彩陶一般归于半山彩陶中，临夏州博物馆藏272件，多为边家林遗址发掘出土的墓葬成组器物。其中边家壶（残裂）最具典型特征：泥质彩陶，高44厘米，腹径33厘米，口沿10厘米，颈部饰网三角纹、肩部饰黑红水漩纹、腹部饰黑彩单漩纹。还有1件边家林壶，高29厘米，口径10厘米，泥质红陶，黑红两彩，颈部饰平行线纹，肩部饰弧线锯齿纹，腹部饰平行水波纹。另一边家

边家林彩陶

林壶，高18.7厘米，口径9厘米，颈部饰宽带纹，肩部饰三角折线纹，腹部饰平行线纹。有诗曰：

> 万古沧桑递岁轮，千年日月换晨昏。
> 灰层碳迹藏遗事，瓦罐陶瓷庆幸存。
> 莫怪儿孙多不孝，谁知列祖隐英魂。
> 于今古董连城价，愧对当年画线翁。

蓝水悠悠话桑城

　　在附城镇上桑家村的一块依山傍水的二台地上有一处残留的城郭遗址，它便是《水经注》中提到的桑城。桑城距今县城不足一里，背靠象山，西北面是一片冲积形成的良田。现存桑城遗迹只是城池的一小部分，传说很早以前这里是桑城。城墙还有10多米，高3米多，墙外有4米多宽的护城壕，当地人称其为"堡子"。

　　郦道元《水经注》载："洮水又东北经桑城东，又北会蓝川水。水源出求厥川西北溪，东北流经蓝川，历桑城北，东入洮水。"

　　《晋书·刘曜载记》载：东晋大兴三年（320年），刘曜"进陷安定。（南阳王）保惧，迁于桑城，氏羌悉从之"。"休屠

桑城遗址——城墙

王石武以桑城降。曜大悦，署武为使持节、都督秦州陇上杂夷诸军事、平西大将军、秦州刺史、封酒泉王。"东晋明帝司马绍"太宁元年（323年），陈安攻曜征西刘贡于南安，休屠王石武自桑城将攻上邽，以解南安之围"。

《中国古今地名大词典》："在今甘肃省临洮县西南洮河西岸。十六国前赵光初三年（320年），司马保为刘曜所攻，迁居桑城，即此。"

《读史方舆纪要》卷六十记载：东晋元帝司马睿"大兴三年（320年）刘曜攻拔陈仓（今陕西宝鸡市东二十里渭水北岸）诸城戍，晋王保惧，自秦州迁于桑城。胡氏曰："保欲自桑城奔河西也。"

《晋书·南阳王保传》称："愍帝之蒙尘也，保自晋王。时上邽（今天水）大饥，士众窘困，张春奉保之南安（今甘肃陇西县三台乡）。陈安自号秦州刺史，称藩于刘曜。春复奉保之桑城，将投于张寔，寔使兵迎保，实御之也。"

东晋十六国初期（317—349年），经八王之乱后，西晋天下风雨飘摇，北方诸族纷纷自立，相互之间时而联合，时而兼并，尤其是匈奴、羯、氐、羌、狄等部落政权不服晋的民族歧视政策，奉行南下东进战略。袭城掠地已成常态。河湟、陇右一带战乱频发，桑城虽数度易主，但因优越的战略地位，却偏安一隅，成为劣势者的避难逃亡之地。其因在于：一是桑城位于胭脂三川川口，粮草盈余、水丰林密，农牧俱旺，养数万兵马自给有余；二是东有洮河，北有虎狼关，西南

桑城脚下的新区

虽通川藏，但地广人稀，道路遥远，无强敌抄后之忧；三是距狄道县不足40里，豪族划界割据，占攻守主动权。桑城依山临水，坐东面西，东城区建于二三台地，西城区建于蓝水（今胭脂河）之滨，城池面积近40亩。桑城兴于东晋十六国，衰于唐初显庆年间。经1700多年风雨，城墙大都已不在，但在民国初，城基走向依然清晰可辨，这里居民多姓桑，且有上桑家、下桑家之分，现成为县城东郊开发新区。

蓝水千秋惠万民，

虎狼昼夜守桑城。

八王乱政豪强起，

两赵挥师晋室倾。

刘曜兴兵陇右陷，

司马王爷洮西行。

群雄称霸金瓯碎，

狄道年年望太平。

消失的蓝川古城

北魏蓝川郡县城，王旗易号便销声。

汗青有载未实考，仅存传说留故名。

北魏（385—534年）时今康乐曾设过蓝川郡，后改蓝川县，西魏（535—556年）时被废。之后的1600多年中又经北周、隋、唐、宋、元、明、清和吐谷浑、吐蕃、金等政权的数度更迭，经历了无数次的大动荡、大迁徙、大破坏，早期的原住民及后裔已不知去向，今日的康乐只有极个别的人曾听说过"蓝川"这个名字，但不知在什么地方。

《中国古今地名大辞典》（商务印书馆，1931年版）中载："蓝川县，后魏置，今阙，当在甘肃境。""今阙"，即缺少详细资料。《中国历史地名大辞典》中记："蓝川县，北魏改蓝川郡，属洪和郡，治所在今甘肃省康乐县草滩乡，西魏废。"又："蓝川郡，北魏太平真君八年（447年）置，属河州，治所在今甘肃省康乐县草滩乡，后改蓝川县。"陈桥驿著《水经注核证》："蓝川县因蓝川而得名。"

蓝川县地址在辞书、史书中均注明："康乐县草滩乡。"但具体位置不详，有的历史地图所标的位置只是示意图，并不精确。有的记载将蓝川县址与安乐县、长乐县（唐时所设县）址混为一谈。《中国历史地图集》第四册"北魏河州辖区图"中首次出现"蓝川"这一地名，其位置与实地基本相符。2013年8月17日，经笔者实地考证：蓝川县址在今康乐县草滩乡喇嘛山村，该村民国时叫迎春；"土改"时，村干部杨耀甲将其改名为现名。"城内"是喇嘛山村的上堡子、下堡子、堡子院、寺沟4个社，共110多户。城区位于康冶公路西侧，北靠苟家山，南面达洼河，从城南绕过东去（应是《水经注》中的"求厥川"，为昔日茶马古道，经麻山关直通宁河和卓尼），南面是曾扎山（古战场朱家山的延伸部分），东面是草滩乡新集的西南街道（康冶公路），其重要的战略地位显而易见。据栅门（东城门）住户马友峰先生回忆：该城在20世纪80年代时还残留西北的城墙，墙高10米多，墙厚6~7米，两个城门，一个朝西北，一个朝东南。20世纪80年代末开辟中药材市场时，将所剩的

古城遗址

城墙挖平，最后一角城墙直到2011年才消失。"城内"面积约25000平方米，"街道"十分狭窄。外来的居民都不知道这座城池叫什么名字，习惯叫堡子。"城东"自20世纪80年代后成了草滩乡的集市和康乐最大的中药材集散地。蓝川古城已经消失，取而代之的是超越以往任何时代的繁荣景象。

雄关深锁胭脂川

明朝初年，河州设二十四关，其中大马家滩关、小马家滩关、麻山关、安龙关位于今康乐县境内的太子山下，成扇状分布于西南一线的四条沟中。明初设众多关隘，其目的只有一个：防止南部游牧部落东进骚扰。明洪武年间各关隘"设官一员，军五十名，一年一换"。到清康熙时"裁以塘丁把守"。民国时有的关隘仍有保安驻守，以防匪患贼寇。

麻山关

大马家滩关

位于县西南八松乡纳沟村栅子河谷。明代用砖石建成关墙，清末用黑刺、面旦、李子刺等灌木栽扎成寨墙，又名扎子河关。关东是白石山余脉的大阳坡山，与西面的天顶山余脉石朵子山对峙，两山向南延伸，中间形成长达24公里的高山峡谷，俗称关沟。关口设在两山最狭窄处，关墙东面紧靠石壁，西边数十米，凭险扎墙垒寨，中间留水路，并有关门哨卡。民国时仍有一个保安队驻防，向南可达卓尼水磨川，一路山高路险、翠峰林立、古木参天，是太子山自然保护区的腹地。这条山道在太平时期是甘南藏民的通商之道，常驮来木料、草香、畜产品、鞍具等到汉族村庄换取青稞、茶叶等饮食品。

小马家滩关

小马家滩关又称鸣鹿关，位于县西南鸣鹿乡鸣关村（曾称沙洼庄）。这里地势平坦，东西山峦林木葱郁、牧草茂盛。关城建于川中心，有南北两门，城墙高围。明清时有驻军把守，从竹子沟、直沟、后墩湾出关者会于景古滩（应是结古，藏语音译，意为货物集散地），有两条路通往藏区。今关城已毁，仅存遗址。

麻山关

麻山关以麻山沟而得名，位于县西南麻山沟西侧石墩梁上，关隘

茶马古道——石墩梁

海拔高达2872米，关东侧危崖峭壁，前湾河水绕流，西边是陡坡，荆榛密闭，南边群峰高耸，仅一羊肠小道盘绕其间，可沿山间小路西去甘南。麻山关地势险要，居高临下，有石块构成的防御工事，易守难攻，战败者和惯匪常藏匿于此，负隅顽抗。1928年，康乐张彦明、马文秀、马相智、马得良等起事，与国民军雷中田交战中退守麻山关，凭险据守，国民军以二十五师、十一师、十六师、暂编第三师万余重兵合击，攻克麻山关，张彦明等寡不敌众退入藏区，但千余避难群众全部遇难。1949年新中国成立后，惯匪马宝带领300余土匪烧杀掠抢，无恶不作，在麻山关被解放军11师31团歼灭。

安龙关

安龙关位于县南景古镇安龙村挖乍拉尕村中。关城城墙筑在两山夹一嘴的高地上，明清时有关城，占地约五亩，有南北二门，四周有土夯墙及护城壕，有门楼哨卡，常年有兵驻守，民国时由民团把守，主要防止游寇入关抢劫。1949年后关防失去作用，已变成场院宅基。安龙关从挖窄拉尕到甘南水磨川约30公里，沿途山高路险，幽谷曲折，林木丛生，关前关后藏汉群众世代由此通商，多为世交，景古一些村庄的汉民祖上本为古羌和吐蕃是明清以后逐步汉化的，许多地名仍为古羌、吐蕃语。

明代关隘——前关

岁月沧桑多古寨

　　康乐县境内有17个以寨为名的村庄，如五户乡有公葛寨、小寨；胭脂镇有寨子；上湾乡有小寨、上寨；苏集镇有马寨、双寨、韩家寨、童家寨；八松乡有马家寨、魏家寨、裴家寨；白王乡有蔡家寨、熊家寨；附城镇有夏家寨、张家寨；康丰乡有井儿寨子等。

　　北宋时，陕西沿边的秦风、泾原环庆、鄜延、熙河五路所辖州军，所建堡寨最多。堡、寨、关、城为该地防守重心。北宋160余年中，在西北沿边一带构筑了近500个城、关、堡、寨。康乐境内的寨子均为北宋王韶平西戎时所筑，当时扼三川要径的叫康乐寨（砦）。

　　宋朝以堡寨为沿边地方的"藩篱"，而以蕃兵为"藩篱之兵"，蕃兵留住堡寨之内。堡寨是组建蕃兵的基本单位，蕃兵的来源皆为"塞下内传"部落。蕃兵是宋朝西北边防军中的一支劲旅，沿边蕃部素质

古寨初雪

优良，耐苦寒，善骑射。遇敌抄掠，则人畜进堡寨隐蔽，敌退，则各堡寨一齐出动，拦截追击，使敌进无所得，退有所失。寨子"使习险阻，利其田产，乐其室家，以战若守，一可当正兵之十，敌惮之"。"寨子大者周九百步，小者五百步；堡之大者二百步，小者百步"。城最大，寨次之，堡又次之，寨亦可改为堡，其性质同属关寨，因而多位于交通要道良田地带，具有优越的地理位置和防守优势。康乐在北宋以前为西羌和吐蕃属地，吐蕃部落众多，各不相属，以半农半牧为生，王韶平西戎时为分化瓦解防范割据势力的侵扰，以原住民为主体组成以寨为单位的亦民亦兵的边防据点，并纳入北宋的管辖。因洮西处于藏汉交错地带，明、清以来当地吐蕃、羌民日渐汉化，而其地名依然。

乾隆古建湾拱北

乾隆古建湾拱北

湾拱北是临夏地区唯一一座清乾隆时期的古建筑。建筑物位于附城镇松树沟村中砥河南岸的台地上，为仿木结构砖砌单檐六角攒尖灰式阴阳筒瓦顶建筑，坐北向南，平面呈六边形，周长27米，高12米，面积25平方米。由六角形基台、六角形庐身和庐顶三部分组成，内部结构为穹隆顶，外部有砖雕三层，下部砌为须弥座，高约1米，最底部一周为如意缠枝花卉砖雕，其上饰仰、俯莲瓣，束腰处嵌莲荷花图案砖雕。2009年5月第三次文物普查时确认为县级文物保护单位。

水池景古岁月稠

康乐县景古镇是一个四面环山的大镇，东邻临洮，西接甘南草原，南屏莲花山。清澈的杨家河从西向东流淌。就在这青山绿水的杨家河畔、角麻墩下不到一公里的地方，有两座古城池，西面的叫景古城，东面的叫水池城。

水池城 水池城，当地人叫旧城，比西面的景古城早的多。此城

水池县遗址

建在角麻墩山下的台地上，三面临水，大有水泊梁山之势，有用兵古道从城下经过。唐代中期，这条古道从长安城沿渭河而上，经渭源县的峡城过洮河至水池城，直通河州。水池城是岷州通往河州之间的重要驿站，南通岷州、长安、四川，北至河州、青唐、甘州、西域，是古丝绸之路上的重要集镇，也是历代兵家必争之地。东面有黑水河，西面有杨家河，两河在此汇合后向南流去。城池北高南低，东西长300多米，南北长500米。城墙约有两米宽，城池内的田地里随处可见昔日的残砖碎瓦。据《甘肃古迹录》记载："在县（今甘肃省临洮县）西南九十里景古城附近。北魏为覃川县。隋为水池县。"《隋书》记载："枹罕郡领水池县，北魏曰覃川县。唐废。"《康乐县地名录》记载："景古旧城系北周所建水池县址，属枹罕郡，唐废。"此城修筑于北魏，历东魏、北齐、西魏、北周、隋诸代，并两次更名，唐时废。

景古城　《甘肃古迹录》记载，景古城"在县（今甘肃省临洮县）西南100里"。《金史》载："狄道县有景古城。"《水经注》载："蓝川即今康乐城，和博城即今景古城。"景古城筑建于金代，属狄道县所辖，比水池城晚建约500年。"康乐明时属河州卫，设当川里、胭脂里、景古里"。明万历十八年（1590年），青海部族首领火落赤进犯。临洮总兵镇守景古城，数日未开。明崇祯十一年（1638年）四月，李自成部在河州西川被明军战败，冲出突围，出羊沙关，抵景古镇，夜乘迷雾东渡洮河。

景古城建在角麻墩山下的平整地带，呈长方形。东西约300米，南北500米，面积大小基本与水池城相同。城墙高约20米，顶端宽约为6米，城内四角有上城墙的坡道。设有两个城门，分东门（当地人叫上城门）、西门（当地叫下城门）。城内有一条带拐角的主街道，西端是城门。城外东、西、北三面有护城壕。东、西城壕东至水池城，西通杨家河，北面的城壕直通角麻墩。靠河岸的一面是高约30米的石崖，崖沿距城墙有20多米，悬崖上开有取水小道。

景古城历来是洮岷、狄道、河州交会处的商贸重镇，是中药材、畜产品和日用品的集散地。庞大的商队常年来往于河州、洮州、陇西，有数条茶马古道从这里经过。著名的"永寿堂"药铺、"春生茂"药店远近闻名。当地盛产的党参、大黄、麝香、红花、鹿茸等就从这里批发到相邻的三州六县。

今日的水池城、景古城城墙依旧。在两座古城外，一个新兴的城镇——景古镇日趋繁荣，成为康乐三大集镇之一。与景古城相连的城墙地带已成为康乐县植物科学种植园区，采用新技术种植的当归被列为陇货精品，销往国内外，成为当地的支柱产业，景古城也成了陇上有名的"当归城"。

丝绸古道党川堡

流川河像一条柔软的飘带，自西向东绕过一个个村庄，在虎狼关口与三岔河汇流，全长不过四十余里，平日水深不过尺余，似乎算不上是一条河，但在历史上，它却是一条充满了浪花与漩涡的激流。

流川古称刘家川。从虎狼关过三岔河进入流川的门户聂家关，便可见流川谷地呈弯月形由东向西延伸。东北的长龙山山势高耸，草木稀疏；西南一侧为青龙山延伸的五道梁，丘陵逶迤，沟岔纵横。在河岸的第二台地、第三台地上，分布着上自殷商、下至宋金时期的文化遗址。20世纪七八十年代，在流川河流域出土了大量马家窑、半山、辛店、寺洼等文化类型的陶器、石器、骨器，还发现不少汉代以来的古墓。在当川堡以西约三公里处，有三个地名都叫古城，三处古城鼎足相望。宋时在上古城建当川堡，金皇统二年（1142年）时升为当川县，元世祖至元二十三年（1286年）废当川县，并入狄道。1949年8月至1952年4月设立流川区，辖党川乡、清水乡、白王乡、老树乡、苏家乡、古城乡、交嘴乡，1958年8月改为团结公社，后来又称为流川乡，乡政府所在地当川堡。原有城堡毁于20世纪70年代。

刘家川（即今流川）东距狄道（今临洮）40余里，西到枹罕（今临夏市）190余里，自秦汉以来就是茶马古道上的重要集镇，也是丝绸之路南路中段的必经之路。丝绸之路南路从陇西分为两路，一路越鸟鼠山（唐代称高城岭），经庆平堡，循东峪河谷到临洮城（吐蕃称武胜军，宋时改为熙州）；一路经竹牛岭（渭水与洮水支流抹邦河的分水岭，在今五竹乡），循抹邦山过会川城至临洮城。两路合二为一从临洮城西红崖头渡口过河，经三岔河谷地的十里铺、二十里铺、段家河，从虎狼关过三岔河，经三十铺、洼吓、清水、范家、苏家、党川堡、阴洼铺、三渡铺，翻越长龙山进入定羌（广河），过广通河，经阿里麻土、陈家集、路盘到河州（今临夏），从临津关（大河家）渡黄河经龙支（古鄯）至鄯州（乐都），进入青藏与河西。分段叫狄枹道和狄鄯道。此道自汉初开辟，到唐时统称唐蕃古道。宋王韶克熙、河时在康乐、定羌（广河）、香子城（和政）开辟了几条用兵小路，但大兵粮秣仍经此道而进。

党川古道在两千年中见证了中央政权与西部羌、吐谷浑、吐蕃地方政权关系演变的历史。汉元鼎六年（前111年），西汉李息、徐自为率兵同羌人作战；汉永光二年（前42年），数路汉军征讨羌人；东汉时羌人数次大起义；隋大业五年（609年），隋炀帝发兵西征吐谷浑；唐贞观九年（635年），李靖统领兵马征吐谷浑，侯君集由河南道率军西进；唐长庆二年（822年），派遣刘元鼎去拉萨与吐蕃会盟，均经由此道。

驿道是传车、驿马通行的大路。唐宋时沿

茶马古道上的候车人

途置驿站或驿亭，供传送公文或来往官员途中休息、换马。每驿三到五人不等，洮西境内设有三岔驿。

党川古道不仅是一条官道、兵道，又是一条和亲之路，唐贞观十四年（640年），唐太宗答应将弘化公主嫁给吐谷浑园诺易钵，并封园诺易钵为河湟郡王。弘化公主由淮阳王李道明护送，进入青唐。贞观十五年（641年），文成公主由江夏王李道宗持节护送入藏。唐景龙三年（709年），金城公主在大将军杨矩的护送下，进藏成亲。两位公主远嫁时均经此道，当地民谣唱道：

> 鸾凤轿，车马拉，皇姑嫁到西番家。
> 清明走到四月八，番王要做唐驸马。
> 坐毡房，吃糌粑，酥油炒面下奶茶。
> 远路哥哥带个话，皇儿几时回娘家。

从安史之乱到宋神宗初年，党川及周边地区长期为吐蕃占有。宋神宗熙宁年间（1068—1077年），王韶克复洮水流域，建置熙河路，史称"熙河之役"，这是宋王朝在西部实行的一大战略，是神宗对付辽、夏战略决策的一部分。熙宁元年（1068年），王韶上《平戎策》，提出开拓河湟的主张，受到神宗和王安石的重视。在王安石的坚决支持下，开始了熙河开边的部署与行动。王韶在《平戎策》中提出：国家要制服西夏，当先收复河湟；欲复河湟，当先以恩信招纳沿边诸族。洮、河、兰、鄯原本是内地郡县，自唐乾元以后，吐蕃陷河陇，部族瓜分，各自为政，莫相统一，此时正是并合兼抚之时。如能招抚各族，使夏人无所联结，即可断其右臂，如同汉武帝当年断匈奴右臂之举。在武胜、河湟一带的吐蕃诸族，"大者数千家，小者百十家，无复统一"。最大的当属唃厮啰一族。此时的洮西，大小部族有十多个，各霸一方，互不相属，时有倾轧，却共同对抗中原政权。在百余年中，党川道上不见汉室的官吏、信使，但从事茶马交易的商贾依然很多。东来西往的商队为防劫匪，自带兵器，昼行夜宿，当然主要还是依靠部落首领庇护。在洮西的吐蕃诸族，不时东犯，掠抢人畜财物，西进通道受阻。

熙宁五年（1072年），王韶收复洮东沿岸要塞。洮西诸族大震，调兵遣将以图固守洮西，但屡战屡败。吐蕃首领木征只好率众向西南撤退。武胜军（今临洮）克复后改为镇洮军。

熙宁五年十月，镇洮军升为熙州，领熙、河、洮、岷、迭、宕等州及通远军。王韶为龙图阁待制、熙河路都总管、经略安抚使兼知熙州。他挥军相继收复熙州附近的军事要地。为收复洮西诸地，他在熙州城西的洮河上建造了浮桥。自此，吐蕃长期依恃的洮河防线瓦解。王韶在熙州建立根据地后，即向洮西推进。熙宁六年（1073年）春，筑康乐寨、刘川堡（后改名党川堡）。因洮西三岔河流域草木旺盛，地沃粮足，六畜兴旺，康乐寨、当川堡及苏集河一带的寨子便成了西进的兵站和粮秣基地，为王韶屯集了大量西进军需。

自宋收复河湟之后数百年间，党川古道虽时有兵灾匪患，但仍是通往青唐的交通要道，汉藏商贾长年不断，脚户的驼铃声不绝于耳，并且不断有回、汉移民在此落籍。党川堡一时店铺林立，商贾云集，主要交易骡马、鞍具、茶叶、茶具、布匹、农具、生活用品和土特产等。

> 土黄的骡子枣红的马，
> 驮的是砖茶嘛细茶；
> 党川的店里卸车马，
> 精席的炕上挤下。
> 四更里装驮五更里走，
> 翻山时看见了大夏（今广通河）。
> 五尺的鞭杆不离手，
> 出门时咱们胆大。

这首流传在当地的民歌，反映了商队脚户们的生活。党川古道历来为多民族杂居，民风淳朴强悍，民多善习武。这里曾多次发生过汉与羌、宋与金、唐与吐蕃、金与蒙古的争夺战，也曾是农民起义的策源地和鏖战之地，如同治七年（1868 年），农民起义军同清军的当川堡、新路坡、高家集之战，同治十一年（1872 年）的新路坡之

古战场——新路坡

战，光绪二十年（1894 年）甘沟马七娃的反清起义，民国三十二年（1943 年）三十铺农民马福善等人领导的甘南农民起义等。新中国成立后，党川古道扩建成康（乐）广（河）公路，宽敞的柏油马路上车行如织，成了一条商贸之路。

沙马里与苏土司

在康乐县苏集镇南面，有一座形状酷似鱼头的山梁。清清的八松河和鸣鹿河在"鱼嘴"下交汇成苏集河滚滚北去。康乐人将这道如今有田地而无居民的黄土梁叫作"鱼嘴山"。"鱼头"顶部有座古城堡——苏家城。明朝年间，这里曾经是一个自治政权的首府。

沙马族土司，苏姓，其始祖于洪武三年（1370 年）归顺明朝，奉旨安插在沙马族地方（即今和政县新营乡）、古河州二十四关之一的沙马关，筑有沙马城。当时的康乐地区分属三地管辖，河州卫在现县境内设当川里、胭脂里、景古里；狄道州设康乐里；岷州设沙马里（嘉

庆二十七年，即1548年，沙马里归入狄道）。各里属地多有穿插，形成几块"飞地"。沙马土司苏成威以苏家城城堡为中心控制一方，由高度自治的部族变为明王朝的基层政权组织。

苏土司的沙马族为吐蕃一支，是中马十九族之一。族民两千多人，地千顷，士兵五百余名，并统有中马十九族中的部分部族。其辖地东至果园，西至沙马关，南至安龙关，北至陡石关（即今康乐县大部以及和政县部分地区）。苏土司的先祖因守隘、出兵征讨有功，曾被封为"四品指挥同知"。他借机兼并了附近的牙塘族、葱滩族、八扎族、古洞族，并将衙门迁于苏集鱼嘴山上的苏土司城，成为河州土司中势力较大的土司之一。属地境内均为林木茂密的阴湿山区，宜农宜牧。居民为半农半牧的藏、汉、回农牧民，丰衣足食，自给有余。

苏土司虽对明廷俯首称臣，但依然自立衙门，自立首领，自有"信扎号纸"，"世相承袭"，"虎居一方，威势赫炎"。苏土司与中马十九族土司一样皆系武职，挂衔在河州卫，受河州卫调遣守隘、出兵，在河州厅办理招中茶马事务。虽"有捍卫之劳，无悖乱之事"，却集政、教、军、财于一身，大权独揽。苏成威土司在河州卫挂衔，沙马里却归岷州厅管辖，在河州厅招中茶马，年贡银五十两。康熙三十七年（1698年），洮岷道将其贡银改作地丁银，应纳钱粮由土司解征。此时沙马里土司报备的纳粮田地只有17顷96亩5分，应丁族民仅39人，与属地原有人丁地亩不符。河、岷两厅为此事打了一年的官司，各自向上陈述理由，结果不了了之。雍正四年（1726年），沙马、牙塘、古洞、葱滩、八扎五族被"除名"，均归临洮府狄道县统属，显赫一时的沙马族土司自此消亡，前后历时近350年。

鱼嘴山苏土司城旧址

　　苏家城作为沙马里的首府，在明末清初盛极一时。此城建于山梁，依山傍水，城墙高两丈有余，墙厚一丈余，城池占地四十余亩，城内有衙门、兵营、官邸、贵族府第，以及商铺和沙马族人居所。城池居高临下，城门派兵把守，亦有紧急撤退隐道，城下大河两岸均为族人村落。康熙五十七年（1718年），苏成威土司奉命带兵进藏。雍正元年（1723年）三月，布政司将沙马族划归岷州厅管辖，苏家城无人经营，逐渐衰落。城内居民为耕种放牧之便，纷纷迁出，落户于耕地较多的鸣鹿、上湾一带。一部分以牧为主的族人随水草南迁甘南。苏土司进藏后一去不还。原沙马里治下的诸多部族也在清中叶逐渐放弃族号，在汉文化影响下，说汉话，习汉事，从汉习，着汉装，从半农半牧的生活方式转向单一的农业生产。至今，西南山区的苏姓居民自称是苏土司一族。还有高、黎、姜、鲍、线、牛姓原居民，自认祖上是羌人，系中马十九族之后。随着时代的推移，苏家城下的村庄，因位于交通要道，成为人口集中、商贸兴旺的大集镇和行政中心，新中国成立初设苏城区，后改为苏集乡，2000年又改为苏集镇，成为康乐县三大集镇之一。

苏集商贸城

千年古刹蜂窝寺

从康乐县城乘车向西南行20公里，就到了历史上曾声名显赫、近代却不为人识的西蜂窝寺。说它在历史上曾声名显赫，有充分的历史依据：

一是历史悠久。西蜂窝寺初名"大佛寺"，据传始建于东汉章帝建初九年（83年），只比公认的"中国第一寺"洛阳白马寺晚了16年，是甘肃境内最早的佛寺之一。

二是它曾三次受皇帝敕建。唐太宗贞观二十三年（649年），李世民亲赐"大圣寿宝积寺"名，并敕建比丘讲习的"法园""经堂"；元成宗大德元年（1297年），成宗颁敕改建"大圣寿宝积寺"，大小佛殿整修一新，俗称"临洮新寺"；明永乐十年（1412年），明成祖改"大圣寿宝积寺"为"正觉寺"，颁"皇敕"保护，并敕建"大隆善"，供僧人讲辩，还赐"九宝"；清顺治九年（1652年），清世祖赐赠香巴像。

三是代有僧伽册号崇封，颁金赐紫，盛事不绝。东晋时，西秦高僧圣坚、西域禅学大师昙摩毗兼本寺住持。西秦封圣坚为"圣僧"，封昙摩毗为"国师"。隋大业三年（607

西蜂窝寺山门

年），西蜂窝寺住持释灵干被炀帝诏封为"大禅定道场上座"（住持），赐紫方袍。唐贞观十五年（641年），住持慧乘法师被太宗选为"僧录供奉三教谈论引驾大德"，赐紫方袍，随侍太宗九年之久。宋理宗端平二年（1235年），住持八思巴被封为"国师"；宋理宗景定元年（1260年），封八思巴为"大宝法王、大元帝师"，任总制院使，"管理全国佛教和西藏政事"。明洪武二十三年（1286年），太祖封住持已什领占为"尚师"；永乐八年（1410年），成祖封住持班丹藏卜为"灌顶净觉弘济大国师"；永乐十三年（1415年），封新住持班丹扎释为"慈济国师"，宣德元年（1426年）又封其为"净觉慈济大国师"，正统元年（1436年）又封其为"宏通妙戒普慧善应慈济辅国阐教灌顶净觉西天佛子大国师"，代宗景泰三年（1452年）又封其为"宏通妙戒普慧善应慈济辅国阐教灌顶净觉西天佛子大智法王"；永乐二十一年（1423年），成祖封住持僧端竹领占"僧录司右阐教，左善世"，宣德二年（1427年），宣宗又封其为"灌顶圆妙广智大国师"，天顺七年（1463年）景宗追封其为"清修净觉崇善慈应辅国阐范灌顶圆妙西天佛子广智大国师"，成化二十二年（1486年）宪宗又追封其为"清修净觉崇善慈应辅国阐范园妙西天佛子大敏法王"；万历三十年（1602年），神宗封住持僧班觉森格"国师"名号。清顺治九年（1652年），世祖准住持僧洛藏坚赞承袭"国师"名号；康熙四十年（1701年），圣祖封住持僧侯只既丹子"守济光教大国师"。一座寺院，从晋至清，有12位住持被朝廷封赏，六位高僧留京任职，保持了一千三百多年的昌盛，且诸僧均见于《僧传》或佛学著述，这在中国佛教史上也是比较罕见的。

西蜂窝寺又是藏传佛教各派最先传入甘肃的寺院。

宋真宗时，噶举派第二代祖师米拉日巴曾来该寺亲传噶举教法，且定寺名为"郭摩且·葛丹却科林"（汉译为弥勒法轮州），这比《甘肃民族与宗教》一书中所讲的事在元成宗元贞元年（1295年）的观点早280年。萨迦派教法由其五祖八思巴本人于1253年传入该寺，亦比该书中所讲的首传卓尼禅定寺的观点早42年。噶丹派教法由宗喀巴的经师、噶丹派著名僧人敦主仁钦于元顺帝至正年间（1344年前后）传入，恐也是甘肃的最早记录。格鲁派教法是由宗喀巴的再传弟子夏尔哇·宗哲仁钦于1415年传入（该师曾与一世达赖根敦朱巴同事一世班禅克珠杰为师），也比《甘肃民族与宗教》一书中卓尼禅定寺仁谦龙布于天顺元年（1457年）传入的说法早42年。综上所述，西蜂窝寺应在甘肃佛教史上占有一定的地位。

正因为如此，许多著名的藏传佛教领袖也与该寺结下了很深的渊源。噶举派二祖米拉日巴曾兼任该寺住持；萨迦派最负盛名的萨迦班智达四祖，是八思巴的伯父、经师；噶丹派著名僧人敦主仁钦任过该寺住持；格鲁派始祖宗喀巴与该寺住持班丹扎释相故。一世达赖、一世班禅与宗哲仁钦同时学经于一寺。四世班禅是该寺班觉森格的经师，班觉森格又当过三世达赖索南嘉措的随从。拉卜楞寺二世嘉木样为该寺写过"寺规"，四世嘉木样又写过希热坚措的住持任命书，六世嘉木样、六世贡塘仓都到过该寺。该寺在藏传佛教中的地位可见一斑。清代实行朝觐制度时，该寺住持因承袭"法王"封号，不受三年（或五年）一贡、轮班进经于一寺京的限制，可以"听其自来"，随时可以见到皇帝，可以说是声名显赫了。

西蜂窝寺在近代渐渐销声匿迹，是因为清代后期社会动荡，战乱频繁，佛寺受到巨大损失。同治初年，该寺被河州马占鳌反清军彻底焚毁，碑碣钟磬荡然无存，金印金册劫掠殆尽，文物经典所存不多。民国十二年（1923年）重建，民国十七年（1928年）又毁。1958年反封建，1967年红卫兵破"四旧"，三百年之间历尽劫波，千年古刹湮于尘埃，除了"永乐皇敕"偶被人提及外，有很多人不知道有西蜂窝寺。

改革开放，政通人和，社会安定，百废俱兴。西蜂窝寺又迎来了全新气象，在

永乐皇敕

当地民众的协力支持下，经历了十多年重建。如今的西蜂窝寺虽然规模仍小，但已是复殿重廊，雕梁画栋，金碧辉煌。再加上千亩林海、垂荫擢秀、山环水抱、鸟语花香的自然景观，和纵横千年、琳琅满目的历史文物，西蜂窝寺已经成了著名的省级旅游景点，接待着接踵而来的千万游客。

胭脂三川米粮川

胭脂三川是胭脂川、中砥川、苏集川的统称，位于康乐县中部，洮河下游西侧。胭脂三川因林草丰茂，土壤熟化层厚，土质肥沃，雨水充沛，自然条件优越，适宜作物生长，自秦汉以来，就有"胭脂三川米粮川"之誉。相传，胭脂川因盛产胭脂赤兔马而得名。据《临洮府志》《河州志》载，三国时吕布所乘胭脂马即出于胭脂川。

胭脂三川境内河流纵横，水利资源丰富。发源于白石山的胭脂河、中砥河、苏集河纵贯十个乡镇，至县城交汇成三岔河，是该地区

苏集川

农业生产和人畜饮水的命脉。丘陵河谷地带是县域主要农耕区，茂密的植被，广布的森林，温湿的地理环境为农作物的生长提供了有利的气候条件。

据从胭脂河流域出土的五色粮食来看，大约距今一万五千年前，就有先民们在胭脂三川耕作生息。已出土的石刀、石斧、石铲、石凿、石锛等石器农具，和春秋战国时期的刀币、秦朝的圆形方孔半两钱、汉朝的五铢钱，还有形成于明清时期的马家集、苏家集、辛家集、高家集、党川堡等集市（主要进行柴草、粮油、木炭、牲畜的交易），都证明胭脂三川自古以来农业发达，粮食充足，同时也推动了商业的发展。

在明初实行移民定边时，陕西、山西、江苏、山东等地的移民就进入胭脂三川地区屯垦。现在的童家寨、夏家寨、张家寨等地名就是当时军屯民垦的聚集点。至明中叶时，由中原迁徙而来的回汉民族与当地的原住居民在这里繁衍生息，开垦荒地，发展农业。《明太祖洪武实录》载，洪武二十五年（1392年）三月，户部尚书赵勉言："陕西临洮、洮西、河州等卫军士屯田，每岁所收，谷种外余粮请以十分之二上仓，以给士卒之城守者，上从之。"可见，这些地方军屯的收成，不仅可以留下谷种和种田军士的口粮，还可以拨出十分之二的收成供给守御军士的口粮。这样既可以大大减轻国家远道运粮的负担，又可巩固边防。到清乾隆、道光时期，朝廷轻赋役、兴水利（《狄道州志》），当地农业生产已发展到一定水平。胭脂三川粮草充裕，六畜兴旺，又是"兰岷公路的盲肠地段"，交通运输便利，历来为兵家筹粮之地。历史上，西汉的李息、徐自开边屯垦，宋代的王韶西进，宋理宗宝庆三年（1227年）蒙古军攻洮、河州，忽必烈南下平定大理，明神宗万历十八年（1590年）七月，青海蒙酋火落赤屯兵朱家山，民国三十二年（1944年）甘南农民起义，中国工农红军二万五千里长征途经康乐进行休整等，都是从胭脂三川筹集粮草，充实军需，补给供养的。1949年8月人民解放军西进时，县城、苏家集、马家集设立支援前线供应站，前后共筹集面粉63000斤，烧柴6万斤，麦草57万斤。

1951年1月给中国人民志愿军送人民币100万元，捐献飞机、大炮款19亿多元，支援解放西藏战马40匹，驮骡12头。

胭脂三川传统的粮食作物主要有小麦、黑麦、蚕豆、豌豆、扁豆、青稞、荞麦、糜子、谷子等，油料作物主要有胡麻、芸芥、黄芥等。这里所产的杂粮所含营养成分全面，如荞麦不仅养分含量高，而且具有较高的药用价值。据《本草纲目》记载，荞麦性味甘，有"降宽胸，除积活，逐湿益脾"的功效，经常食用可预防高血脂引发的高血压、糖尿病，并可起到止咳化痰、软化血管、增强人体免疫力、促进新陈代谢、延缓衰老的作用。青稞是该地区的倒茬作物之一，生长期短，成熟早。莜麦俗称小燕麦，产量虽低但品质好，多和蚕豆等豆类作物混磨，作为和面，口感好，香味浓。莜麦还是煮制甜胚子的上等原料。蚕豆产量高，用途广，经济价值高，是很好的粮食作物。

千古胭脂赤兔马

胭脂马，顾名思义就是胭脂色的马、赤红色的马。胭脂马是古代的名马之一。康乐胭脂川因盛产胭脂赤兔马而得名。据《临洮府志》《河州志》载，三国时吕布所乘赤兔胭脂马即出于胭脂川。

关于赤兔马的记载，可以参考古典名著《三国演义》。赤兔马也叫赤兔胭脂兽，其"浑身上下，火炭般赤，无半根杂毛；从头至尾，长一丈；从蹄至项，高八尺；嘶喊咆哮，有腾空入海之状"。"胭脂马"也叫焉耆马。"莽草原，原上马，马背胭脂犹胜花；花映月，月照沙，沙里歌声念我家……"

东汉陇西太守马援治理时，"羌中道"地区已是"沃野千里，谷稼

胭脂赤兔马雕像

殷积……水草丰美，土宜产畜，牛马衔尾，群羊塞道"。

唐宋时对马匹有制定祥瑞的规矩，像白狼、赤兔等上等祥瑞马匹就有 38 种；苍乌、朱雁为中等祥瑞 32 种；嘉禾、芝草、木连理等为下等祥瑞 14 种。因此，赤兔是用来形容良马类型的称谓。

胭脂川丘陵起伏，水草丰茂，草场辽阔，是马匹繁衍、生长的理想场所。早在三千多年前，这里就已养马。自周以来，杂交培育出的马驰名天下，成为历代皇家军马养殖基地和战马的供应基地。宋代马祖常写诗云："昔我七世上，养马洮河西。六世徙天山，日日闻鼓鼙。"这里的"洮河西"为今康乐一带，现"两马二滩"即是其祖养马地。这里出产的马匹，体形匀称，粗壮结实，雄健剽悍，耐粗饲，适应性良好，速度和持久力俱优，是驮、乘、挽兼用的良骥。赤兔马是古时胭脂三川的上等好马。隋初，文帝改陇右牧，管州内马政；唐贞观元年（627年）置洮西监牧司；宋设监牧司于河州；熙宁二年（1069年）王韶设临洮买马司，置河州、宁河两买马场；元置"兀剌臣"放牧，强占农田，扩充牧地；明初设河州茶马司，州府县设管马吏；设陕西苑马寺，下设风林苑、康乐苑；清初沿袭茶马寺制，乾隆时废除。茶马互市是我国自唐以来，中央与地方民族之间贸易的主要形式，河州茶马市始于宋，中断于金元，盛行于明，停办于清乾隆二十七年（1762年）。

"树风"名校惠桑梓

　　八松乡位于康乐县西南部。这里群山环抱，气候湿润，雨量充沛，不仅以盛产米粮声名远扬，而且因文化教育的繁荣享誉陇上。

　　清朝末年，八松隶属狄道州（今临洮县）西乡第五区，当时这里信息闭塞，文化落后。民国三年（1914年），由陇上名人牛载坤（1886—1934年，八松村人，字厚泽）联合当地乡绅胥应魁、苏效汤、范进忠、赵廷栋、黎熙洲、潘树裳、田培荆、高文炳、董西华等人，筹措资金创办了"树风学校"。该校是临夏地区成立最早、规模较大的学校。1928年前，除教室宿舍外还有藏书楼、理化实验仪器室和大量体育用具等设备。为解决办学经费，校董事会将附近山林土地划为校林校地。"树风学校"成立后，经牛载坤联系，江苏南通师范校长张謇先生为该校书写了"树风学校"匾额和"艰苦自立、忠实不欺"八字校训，并废除八股文，设置数学、语文、音乐、美术、体育等课程，在学生中广泛传播先进思想，树立自强自立、勤奋学习的良好风尚，大力提倡男子剪辫、女子放足，动员儿童入学。同时召集马巴川、鸣鹿川、白王川、苏集川热心教育的人士创办"风化"小学十余所。1933年，"树风学校"更名为八松学校。

树风学校

"树风学校"自创办以来，由于师资力量雄厚，教学环境优良，出现了农家弟子纷纷上学读书的可喜局面。"夜夜村中无犬吠，家家院内有书声"成为当时八松地区的真实写照。"树风学校"不仅为本县教育界树立了一面旗帜，而且为社会抚养了大批人才。其中八松本地人中较著名的人有，康乐解放后第一任县长高龙舟，兰州三大名医之一的牛孝威，新治街女校校长高凤麟，医疗专家高凤翰，临洮农校校长高凤举，科学家高建功，新疆文联主席、作家周非，《甘肃日报》总编辑田世英，林业科学家高广曾，书法家胥世泽等。

新中国成立后，特别是十一届三中全会以来，建立在"树风"原校址上的八松小学、八松中学和分布在全乡各村的十余所小学秉承"树风"校训，发扬"树风精神"，坚持"领导苦抓，家长苦供，教师苦教，学生苦学"的四苦精神，教育水平迅速提高，学龄儿童入学率、学生升学率、大中专生录取率历年来都位居全县各乡镇前列，为社会主义现代化建设培养出了数以千计的人才，真是"先辈有识重教化，人才群出百姓家"。

各族共塑康乐人

康乐自古就是多民族聚居地区，四千多年来，先后有羌、狄、氐、匈奴、吐谷浑、鲜卑、吐蕃、蒙古、汉、回、东乡等民族在这里繁衍生息。

史书记载，商周时期，就有西羌在洮河以西活动。汉景帝时，研种羌人留何守陇西塞，活动在临洮、康乐一带。东汉时，康乐一带的羌人多次参加羌人大起义。据《西羌传》载："羌人无弋爰剑之孙忍后代各自为种，任随所立。"今附城镇属地仍保留有"大羌""磨羌（即牦牛羌）"地名。唐代，康乐地区为吐蕃所辖，今莲麓、景古一带是"赤松德赞法王举兵北伐祝古地方之北方祝古国地区"。宋时由吐蕃大首领唃厮罗孙、睰毡子木征统辖。明清时期，康乐大部归沙马里土司苏成威统治，今洼滩、苏河苏姓自认祖上为羌、杨姓部分原住民都自认祖上为羌人，曾为吐蕃政权所统治。康羌人，曾是吐蕃统治下的部落居民。另有乔、包、黎、线、牛、高、乐境内的吐蕃族自清以来部分南迁于甘南，部分融入汉族。从出土的陶器等文物看，羌人在唐以前已创造了不亚于中原的文化。当地吐蕃民族历经唐、宋、元、明、清五个朝代，逐步向中原文化靠拢，最终与汉族融为一体。而藏传佛教文化在这里深深扎根。康乐境内的佛教寺均为藏传佛教寺。汉族老人去世，喇嘛和道士（阴阳）同堂念经，而喇嘛大都来自青海东部的土族。

回族是县境内的主体民族之一，回族、东乡族等少数民族人口占全县总人口的60.17%，主要来源于明清时期的移民，也有其他民族改信伊斯兰教而成为回民。迁徙而来的回民主要来自北京、西安、宁夏固原和临洮等地。因伊斯兰教在康乐的传播、动乱年代避祸等因素，部分汉民皈依伊斯兰教而成为回民。有的村子回汉同姓，排行未乱，

歌唱新生活

同祭一祖，和睦相处。缐姓回民和景古缐姓汉民祖上为蒙古族。丰台拱北庄和马家集贡布一族因家族不和而"随"了回民。因婚姻关系，汉民成为回民的也不少。回族的落籍带来了西亚文化和伊斯兰文明，诸如建筑物的弧形拱顶，简洁朴素、不露贫富的衣着服饰，别具风味的清真饮食和善于经商的意识等。

康乐境内的汉族部分来自北京、河北、陕西、南京、山东、山西和陇西各地。秦汉时就有汉民迁入，有屯垦者，有流放者，有避祸者，也有被遣散的王族豪门。另一部分为当地羌、氐、吐谷浑、吐蕃等土著民族汉化的，其特征是供桶桶神、装石磊。在节庆、婚俗方面也有差异，如莲麓、景古、五户、草滩等地的汉民有过"拉扎节"（敬山神）、"八宿"送亲之俗，而县城周围的汉民在办喜事时娘家人是座上宾，不到不开席，要搭重礼且不上礼簿。办丧事时家庭成员把操办丧事的事务全部交给本村推选出来的"经理"负责，直系晚辈的"孝子"们全部在灵堂守灵。

东乡族是清同治以后陆续从河州东乡迁移而来的，姓氏有马、包、陈等，占全县总人口的3%，有类似蒙古语的本民族语言，无文字，信仰伊斯兰教。

回族猎人

现康乐境内主要有回、汉、东乡三个民族，而原有的羌、氐、吐谷浑、吐蕃等古老民族则是名亡实存，其后裔已融入汉、回等民族。

在漫长的杂居生活过程中，汉、回、东乡等各族人民相互尊重，和睦共处，形成了一些独特的风俗习惯。譬如说，康乐人普遍热情好客。不论是否同一民族，不论是否相识，只要来人进门说明来意，便认为客人光顾是自己的荣幸，将来人视为尊贵客人。特别是对不同民族或首次登门的客人更是热情有加。不管客人何时来，是否吃过饭，主人便立即上茶做饭。招待客人的茶具通常自家不用，最好的茶碗（三炮台）让给最受尊敬的客人。茶叶也要用最好的，加上冰糖、桂圆、枸杞、葡萄干等，名曰"五香碗子"。南部乡村人在倒茶时，让客人依自己的口味下茶。半小时后，家庭主妇已做好了馍馍。回族、东乡族家中通常是现炸的"油香"，汉族家则是烙油饼子，而后还有肉和菜，最后上饭（面条类）。在回民家中，主人均不陪吃，而是站在一旁添茶倒水，不停地用专用筷子给客人夹菜让饭。鸡尖（鸡尾）是不能随便吃的，要让给客人中的尊贵者，"上席"尊者自然要谦让一番。主人家的妇女、小孩一般不与客人见面搭话（亲戚之间除外）。汉族家中来了亲戚要留宿几天，有的一住几天。现在交通便利，住的人少了。回族、东乡族到汉族家中做客，主人则拿出专用茶具，并向客人表明茶具是"素清"的，尽可放心。一般不动烟火做饭，食品务必是清真的。回、汉同桌就餐时，应请回族中的长者念"奉至慈至大的真主的尊名开始"，以示尊重，否则便会被大家视为无教养。

回、汉之间互称"结拜""姑舅"。"结拜"意即弟兄，"姑舅"意即有姻亲关系。回族通常称汉族为"上姑舅"，即媳妇的娘家人。结拜分为两种，一种是回汉男子年龄相当，脾气相投，关系密切，自愿结为兄弟，长期来往；一种则是回汉之间的统称，小的称"尕结拜"，老的称"老结拜"。姑舅之称源于回汉之间的通婚，回族自古有娶汉女的习俗；有的汉民"随"了回民，姻亲关系沿袭，后来演变成表示亲热的称呼。

民族多，节日便多。除宗教节日各行其是外，传统节日回汉朋友、同学、同事之间都要互走互访，如春节时回民给汉民拜年，开斋节时汉民给回族开斋。民间如此，官方亦如此。每逢春节、开斋节，康乐、临洮两县的四大班子要给宗教界开斋，康乐的宗教上层人士也要到临洮县党政部门去拜年，已成为惯例。另外，婚姻、乔迁、盖新房、迁升、孩子上大学、开业之类也要互相道贺。回族、东乡族在家待客时通常不备烟酒、不放鞭炮、不贴对联，特殊喜事也有破例的，主要考虑对汉族习俗的尊重。汉民间搭礼大同小异，一般以实物为主，附带数量不等的现金。回汉民族互相搭礼一律用现金，零星交往的一般用茶叶、冰糖、桂圆、水果之类，不拿烟酒、糕点和加工过的食品。一条原则——给回族、东乡族送礼要严守"清真"。

康乐南部的汉族有吃"八宿"、过"拉扎"之俗。"八宿"是一种古代遗风。嫁女时娘家人（人数不等，女方亲属及本村邻居）将新娘护送到婆家，当天要住到男方家中，通宵达旦闹喜事。男方家则要挑选猜拳水平高、酒量大的人作陪，这种角色名曰"蛊把"。黎明时分送亲的人则全部返回，正式开席时已无娘家人。据传，古时土著民族有抢亲之风，女方家中便组织一支强悍的护亲队伍，叫"八宿"（藏语愿意为勇士脚下的村庄）。过"拉扎"也是藏传遗风，最初为敬山神，现演变为庆贺丰年。从庄稼收获开始，一直延续到农历十一月。一村一俗，各有起止时间。届时各家杀猪宰鸡，做馍馍，烩肉菜，备烟酒，轮流做东，吃喝之余穿插娱乐节目。在这些过"拉扎"的村民中，有许多明清时期从南京、关中、陇西一带迁徙来的移民后裔，把"吴歌"融入了当地民歌——莲花山"花儿"之中，把秦腔戏带进了羌裔的生活，也把自己变成羌俗的传承者。

在八松、鸣鹿、上湾、白王等乡镇，清康熙时有沙马族、珍珠族、葱滩族、古洞族等众多民族，现在族号没有了，本民族语言也已失传，而信仰依旧，习俗依旧。

西控东蔽干戈频

康乐地处洮、岷、河三州交界处，历史上为三州分治。《读史方舆纪要》称，洮州"西控番戎，东蔽湟陇，据高临深，控扼要害"，认为岷州"东连秦陇，西达河湟，北阻临巩，南控阶文，虽僻为一隅，而道路四通，一纵一横，未易当也，岂惟形援河洮，为西偏之翼蔽而已哉"，而河州则"控扼番戎，山川盘郁，枪罕尝为战地，盖犄角河西，肘腑陇右，州亦中外之要防矣"。位居结合部的康乐，地界交错，民族杂居，道路四通，凡河湟、陇西、洮岷有事，终难幸免，乱则先乱，治则后治。近代学者总结康乐历史上是"甘肃的巴尔干"，实不为过。

康乐境内有一峻岭，名射姑山。据《狄道志》记载，射姑山即阿姑山，在今康乐县景古镇与临洮县的交界处，海拔2550米，俯控古狄道、安故、水池诸县，南扼羊沙关，西蔽露骨山（白石山），北阻朱家山，东临洮河，有古道盘山而过，历代为兵家必争之地。

古战场射姑山

古战场新路坡

　　东汉永和五年（140年），由于汉室腐败，后党乱政，地方官吏残暴骚扰，且冻、付难两部羌人发动起义，攻取金城，与西塞、湟水诸羌联合，大举向陇右诸地侵袭，攻杀郡县长吏，汉廷震动。顺帝命马贤为征西将军，带领十万大军驻扎在汉阳（今甘谷）。马贤在行军中带着儿子、姬妾和豪华的生活用品，每日饮酒作乐，不问战事。在狄道一带告急时，马贤带了五六千骑兵匆忙迎敌。羌兵布防阿姑山，居高临下，其势难敌，交战时汉军大败，马贤及两个儿子俱战死。顺帝无奈，只得抚恤马贤的家眷和征西营兵。

　　蜀汉后主延熙十年（247年），卫将军姜维统军出陇西、南安、金城界，与魏将郭淮、夏侯霸等战于洮西。延熙十七年（254年），姜维乘魏司马昭初握兵权，不敢擅离洛阳之机，主张出兵伐魏。魏降将夏侯霸献计，可将轻骑先出枹罕。若得洮西、南安，则诸郡可定。于是姜维引兵五万，向枹罕进发。兵至洮水，魏军守边军士报知雍州刺史王经、征西将军陈泰。王经先起步兵七万来迎。姜维指挥部将张翼、夏侯霸分头包抄，自引大军背洮水列阵。魏军赶到后，蜀军背水作战，勇猛异常，魏兵溃败。张翼、夏侯霸抄魏军后路，分两路掩杀，将魏兵围困。姜维率众杀入魏军之中，魏兵大乱，自相践踏，死伤大半，逼入洮水中无数，斩首万余，垒尸数里。王经引败兵百余逃入狄道城中，紧闭城门坚守。

姜维背水破大敌

　　姜维欲速取狄道城，将城团团围困，令兵八面攻之，连攻数日不下。此时魏征西将军陈泰、兖州刺史邓艾随后赶来解狄道之危。魏兵依邓艾之计在狄道东南山谷中布疑兵，姜维中计，弃狄道退守汉中。洮西之战，姜维有功，后主刘禅降诏封姜维为大将军。

　　宋熙宁五年（1072年）五月，宋廷为开拓熙河，升古渭寨为通远军，割秦州所属宁远等四寨隶通远军。王韶统军筑渭源堡，进兵乞神坪，逾竹牛岭，至抹邦山，破蒙罗觉、马尔水巴族。筑策散丕勒堡，旋改为庆坪堡（以上各地均在现渭源境内）。洮西大震，唃厮罗之孙木征闻讯从洮西渡洮河来援。王韶令部将景思立由竹牛岭

古战场麻山沟

南路（渭源至临洮的大道）虚张声势，他自己则由庆坪堡挥师顺东峪河直趋武胜军。木征麾下的将军辖约弃城夜遁，宋军遂拔武胜。八月改武胜军为镇洮军，以高遵裕知军事。

是年冬十月，升镇洮军为熙州（即今临洮），建置熙河路，领熙、河、洮、岷、迭、宕等州及通远军。时河（今临夏）、洮（今临潭）、岷（今岷县）等州尚未收复。王韶以熙州为经营洮西的根本，筑南关（今店子街）、北关（今八里铺）二堡，并沿洮河东岸向北进筑结河堡（即今辛店）、临洮堡（今巴下）。在熙州城西洮河上建造浮桥，次年六月浮桥建成，赐名"永通桥"，成为通往洮西的要津。此桥历代不断维修，明代维修时改为永宁桥。浮桥以木船十二支为浮梁，上铺木板，以铁索系于两岸桥墩，至1976年拆除。

用兵古道露骨山

王韶在巩固熙州根据地后，即向洮西推进。熙宁六年（1073年）春，在熙州西南40里处筑康乐寨（今康乐县城东），州西40里处筑刘川堡（后改名当川堡，今流川乡），以通饷道。八月，王韶命部将景思立、苗援屯兵香子城

（今和政县城），自领兵穿露骨山（即康乐境内白石山）。因山高林密，道路狭隘，一日下马步行数次。兵入险地，消息不通，朝中有人造谣，说王韶全军覆没，神宗皇帝心神不宁，唯王安石坚信此举定是一次出其不意的袭击。王韶绕山路进入洮州界，降木征弟巴珍觉，断木征后援，然后回军攻取河州，木征遁走。

境内的朱家山也多有战事发生。朱家山系白石山支脉，海拔2300米，东临洮河，西接麻山关，有古道通洮岷、枹罕、狄道，现康（乐）冶（力关）公路盘山而过，战略地位极为重要，历来为用兵之地。朱家山在有史记载的两千多年中，经历了数十次战火，而且历代匪患不绝。

明神宗万历十八年（1590年），蒙古残余贵族俺答子从孙火落赤兴兵作乱。同年七月入犯河州、狄道。七月十三日，火落赤屯兵朱家山，威逼河东。狄道总兵刘承嗣、参将邓奉、游击孟良臣、郭有光等调靖、固、延、宁四处兵马与火落赤大战于朱家山。时值初秋，阴雨连绵，大雾弥漫。火落赤凭借有利地形出没无常。明军陷入包围，死伤惨重，阵亡五百余人。游击刘子都、把总何天衢、指挥李如玉、千总魏成雄俱战死。总兵刘承嗣险被擒杀，幸被游击李孝臣所救。火部得胜，藐视明军，纵兵大肆掳掠人畜，抢劫财物。八月二日，明军探得虚实，集中优势兵力将其击败，逐出麻山关，夺回被掳男女一百六十名，牛羊器械数万，并在五户滩建忠义祠，以祭阵亡将士。

古战场角麻墩

同治难治胭脂饥

同治元年（1862年），陕西捻军转战战各地，打击清军。陕西回民不甘忍受民族歧视、压迫，亦起义反清。清政府令地方兴办民团镇压，甘肃亦令汉民组织民团。当时景古石家咀乡绅石文海（字百川）"以汉民族少，慨出家资，招番民三百名"，中砥川和尚沟蓝锐"奉文招民团七百人"，白王黎怀德"聚乡团七八百人"；麻山沟常度"招团勇数百"，引起回民猜疑。草滩回民派代表和景古民团商议，达成回汉互相保护协议。丰台附近的回汉民众在阿訇马应林的倡议下筑堡自卫。

同治二年（1863年）六月十七日夜，狄道州知州屠旭初、临洮营都司陆升与乡绅团练张葆龄等共谋背弃与穆夫提门宦教主议定"回保汉，汉保回"的协议，以清内为由，放火烧毁城内礼拜寺及南北回巷五百余户回民住宅，四千余人被杀害。麻山沟乡绅张锡龄"招石墩乡团武生蓝锐，协力清内"，会同石文海、常度等民团，对回民聚居的丰台、草滩、鹿麻进行袭击，"狄道州、河州四乡回民齐集狄道城下，围攻两月多，于八月二十七日黎明占领狄道州城。城内汉民多被害。张锡龄、常度、蓝锐等在峡城南屏山等处招勇千余，以图报复。在攻打官堡回民堡垒

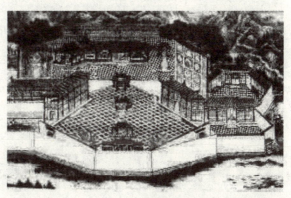

清代东拱北(国画)

时，常度、蓝锐被反清军所杀。

同治七年（1868年）二月，清军傅先宗等军抵狄道，夺取穆夫提拱北，三月进剿胭脂川，镇压回民，然后围攻穆夫提道堂所在地北庄。穆夫提教主马云率男女老幼三千余人投降。甘肃总督穆图善以山路崎险，且军粮缺乏，成功难期，对回民暂停镇压，但要回民限期缴出马匹军械，补纳钱粮。至九月初十，穆图善以河州回民自投诚后仍抗拒不纳军械租粮为由，亲督各军进剿。回民再度形成大联合，在河州回民领袖马占鳌领导下，同清军展开斗争。九月十七日，清军喻正祥部由高家集进军，攻破清水沟及党川铺。十八日，清军善山保等部由南山攻克段家坪、刘家坪，驻军南山，以图夺取新路坡。十月十八日，清军分兵从段家坪山、党川铺进攻，反清军迎战失利。十九日新路坡失守，两千多人牺牲。

同治十年（1871年）三月，清政府调左宗棠镇压西北回民反清军。五月，左宗棠分兵三路向河州进攻。八月二十六日，清军有四营占据西坪山。反清军在大坪山、红庄、高家集、胭脂山等处筑垒设卡，阻击清军。九月十八日，清军分三路攻高家集，经过激烈战斗和连续几日猛攻，清军夺取高家集大堡和十数卡。同时分兵毁新集、淌平川、吉家山各庄堡。到十月上旬，胭脂三川窑窑沟等处被清军攻战。此后，反清军与清军在新路坡至党川一带进行拉锯战，互有胜负。同治十一年（1872年）正月初四，反清军由先行官马海宴率领精兵500名，每人除携带武器外，各带一根椽、一壶水和三块土坯，趁夜摸到新路坡清军前后两营之间，用土坯支立木椽，绕木椽土坯边浇水，时值隆冬，即刻冻结，很快建起三垒。同时，反清军攻战烂泥沟四庄一垒，与新路坡形成掎角之势。初六、初七两日，清军围攻不下，提督傅先宗大怒，自执大旗率军冲锋，被起义军击毙在阵前。清军大乱溃逃。正月初八，清军徐文秀增援，占领烂泥沟四庄一垒。十一日，反清军进攻，被徐文秀部击败。晚上复攻，清军溃败，徐文秀战死。马占鳌乘打败清军之际，力主降清，并派其子至左宗棠大营投降。

光绪无绪洮西乱

　　光绪二十一年(1895年)三月，循化厅因处理教派之争不当，而爆发撒拉族、回族人民的反清斗争，一时战火遍河湟。五月间，康乐流川甘沟马七娃等率众响应。马七娃率队到丰台，要求穆夫提教主马维翰起事，马维翰插旗以示响应。闰五月，马七娃等进攻景古城、寺洼山等地，进而围攻狄道城，后被清军何建威所败。清政府命董福祥也参加镇压。董部进攻河州之时，将在高家集的穆夫提教主之弟马维屏及教徒全部屠戮，所到之处，清真寺、拱北被焚。丰台回民被汉绅朱建栋等保护，才免遭何建威残杀。光绪二十二年(1896年)二月十三日，马占鳌之子马安良以"马维翰系华门邪教，乃有谋为不轨之意，遂细察形迹，甚属可疑"为由，派骑兵到丰台，将马维翰捕往河州，并谎称"查抄其家，搜获缠丝杆子一号起至七百号止，此外尚有刀枪剑"等武器。十五日，将马维翰杀害于河州。清政府还令狄道州"宜乘该逆既经正法，教民震慑之时，从重严办，以为倡乱者敬厥将来。应请贵州会同所派回队，弛赴该逆家中，将其拱北平毁。并将该逆家产、地亩、房屋、约据及存款项等物一切，逐一查剿，赶即具册，移报前来。一面督同公正绅士，即将此叛业，全数充作狄道书院膏火经费。并请出示，将该教严行禁止，不准再立门户。其狄道张门教主拱北，亦一律平毁，严禁不准再立教门，以绝后患"。丰台阿訇马应林在同治之乱时加入反清起义，为避免回汉之间发生冲突，号召丰台附近的回汉群众修筑丰台堡，将散居的回汉群众召进堡内互相保护。光绪之乱后，马应林应义军请求，插旗响应。为防不测，将鸣关、苏集一带的汉民召进堡内保护。狄道军门何建威率清军进剿，欲攻打丰台堡。堡内汉绅朱建栋等出面说情，清军遂撤。翌年春，马应林被诬陷为幕后，捕往狄道，于夏五月杀害于洮河西岸。

红军长征到景古

红军长征万里行，偏师转战地寺坪。

景古城头红旗举，冶木河畔土豪惊。

筹粮筹款建政权，参军参战闹翻身。

线家楼前话往事，"花儿"犹唱子弟兵。

这首诗描述的是当年红军长征到达康乐景古的情形。

民国二十四年（1935年）春，红军即将入甘，甘肃省政府急令各地在关隘路口修建碉堡，以备堵截红军。康乐设治局督促各乡在各山头修建碉堡三十多处，并集中第一、二、四、五区壮丁，会同保安大队，在朱家山、竹子关、营盘山、五朝山、洞洞梁、虎狼关各要隘设卡挖壕防范。

民国二十五年农历六月二十三日（1936年8月9日），红二、四方面军第四军十二师长征到达莲麓，师长吴承荣、政委李华益，司令部设在地寺坪小学，并在村上设了兵站。同年农历七月八日，红二、四方面军西路先遣军到达景古城，司令部驻线家楼，政治部驻常家楼，政治部主任为刘志坚。后勤部驻孙家楼，妇女队驻石家当铺楼和罗占元家。当时从莲麓乡的地寺坪到五户乡的丁滩村共33个村庄，长达二十多里的地区驻有红军五千多人。二十多天后，主力部队东渡洮河，佯攻临洮，参加岷洮西战役。洮西只留有少数留守人员。红军到达景古后，为防备国民党的围剿，立即构筑工事备战。在地寺坪的拉扎山挖战壕一千五百多米（遗迹尚存）。驻景古城的红军，在西起拉石山大插牌，东至丁家沟阴洼山整修了国民党修的六个碉堡，并在周围开挖了交通壕和掩体。在备战的同时，红军在景古广泛开展宣传活动，在沿途各村庄墙上张贴"反蒋抗日、不当亡国奴""严明政治纪律"等标语。在城内古楼寺大殿上书写对联一副："奋斗中间莫放手，牺牲到底不回头。"张贴的布告为："惟我共产党，此次大举北上，联合汉回同胞实行抗日反蒋……"时值夏收季节，红军干部战士分头到各村帮助群众抢收庄稼，吃了群众的杏、果，一律付钱。

农历六月二十五日，红军在地寺坪召开了军民团结大会。红军首长在会上宣讲抗日救国、反对蒋介石投降卖国的主张，宣传红军的纪律、共产党的政策。红军的实际行动，揭穿了国民党宣传的"共产共妻""见人就杀""每天吃一个男孩"的谎言。

红军到达景古时，当地土豪劣绅和国民党保安队惊恐万状，纷纷逃跑。红军主持成立了景古区苏维埃政府，公推王朝佐、张鸿儒为区苏维埃政府正、副主席，杜增壁、杨珍山、张有礼、汪存尨、瓦得功、常成文等七人为委员。先后建立起地寺坪、斜角滩、景古城、缐家滩、丁家滩、五户滩六个乡苏维埃政府。参加苏维埃政府的委员都有明确分工，如经济委员、粮秣委员等。苏维埃政府的主要任务是征集粮食和筹措抗日经费。没收景古义仓粮八万斤，没收有恶迹富户丁秉义、丁凤堂粮五万余斤，向开明富户借粮六万余斤，景古地区自筹粮（群众自愿捐献）十九万多斤，没收、

缐家楼

罚交、派借白洋1920元。

红军在景古期间，还组建了农民武装。景古独立营营长杨生华，副营长赵国俊；斜角滩独立营营长汪世英，副营长马明昆；地寺坪独立营营长丁玉山。委任状上的首长署名是：总指挥徐向前，政治委员张国焘。各独立营成立后，协助红军守备城堡，站岗放哨，筹集粮款，侦察敌情。农历八月十三日，驻广河的青海马步芳八二军侦察部队约一个连，长途奔袭景古城。城内红军机关留守人员同独立营协同作战，击退敌人进攻。

在同红军的接触中，广大贫苦农民认定红军是自己的子弟兵，是为穷人打天下的，纷纷要求加入红军。地寺坪小学学生祁守义等十八人自愿报名参军，莲麓义勇军独立营三百多人全体参加了红军。

农历八月十五日、十六日，驻扎在景古的红军奉命东渡洮河北上。红军走后，国民军、保安队、青海八二军进行了疯狂的反攻倒算。景古独立营副营长赵国俊、掉队红军战士陈甘沟被八二军杀害于广河县。景古区苏维埃主席王朝佐，委员王文镜、常成文、汪印天，景古乡苏维埃主席祁如泰均被国民政府以"附匪暴动"的罪名逮捕下狱，屡受酷刑，致成伤残。王朝佐、王文镜出狱后相继亡故。王朝佐之妻改嫁，侄儿王文惠之妻被人霸占。坟湾村的赵窑因引红军攻克安家窑，没收了联保主任石秉智的粮食，以"通匪罪"被

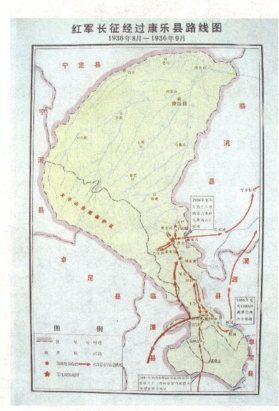

红军长征经过康乐县路线图

杀害于康乐。地寺坪磨户赵山青夫妻因给红军磨过面、打过草鞋，两个儿子帮助红军打过土豪，保长丁效周将其父母、弟三人杀害于磨坊。留在景古地区的红军伤病员隐姓埋名，被当地群众保护起来。地寺坪群众把埋有红军战士的白土崖改称"共产崖"，称足古川古龙沟坡头为"共产坟头"。有诗云：

> 红军北上征倭奴，偏师一旅占景古。
> 田禾久旱逢甘霖，黎民欢呼土顽哭。
> 农奴主持苏维埃，黔首有枪射豺虎。
> 为救人民出水火，康乐黄土埋忠骨。

红军故事传千古

红军在景古驻扎五十多天后，东渡洮河，实施战略转移。至今当地仍流传着许多红军的故事。

红军帽

景古城姓杨的一户农民，40岁时才得一子。老两口将其当成宝贝蛋，孩子一有头痛脑热，赶忙求神拜佛，驱鬼治病。

一日，老杨媳妇抱着孩子，拿着香蜡朝八龙宫走去，遇到一位挑水的红军。他关切地问道："老乡，你愁眉不展，出了啥事？""我儿子得病，我要去求佛爷保佑。"战士伸手到孩子头上一摸，觉得孩子在发高烧，呼吸急促，断定是患了感冒。他劝说道："孩子受凉啦，抱回去熬些姜汤灌上，发发汗会好的。"见孩子光着头，他随手摘下缀有红星的军帽戴在孩子头上，并叮嘱道："庙里最好别去，信迷信会误事的。"农妇见战士语言温和，态度诚恳，便折转回家，用战士讲的偏方治了一下，天亮时孩子真的好了。

这件事像长了翅膀一样，一传十，十传百，很快传开了，人们都说："红军帽能避邪，魑饿鬼见红星就吓跑了。"从此以后，无论谁家大人小孩得病，借红军帽一戴就好了。拉石晏家有个恶霸地主叫石天民（石麻子），儿子患病，多方求医无效，听说"红军帽"能治百病，派人去借，杨家未允。次日，石麻子带着两个爪牙强行将红军帽拿去，往头上一戴，儿子病情反而加重，不治夭亡。受苦的人们奔走相告，都说红军帽是济贫惩恶的。

贴在心中的布告

红四军十二师的一个连，曾驻扎在景古城杨家楼。红军刚到景古，就放下背包，在城门路口张贴布告，宣传抗日救国主张。当时识字的人很少，红军战士一边念，一边向大家解释。贫苦农民王朝佐、杨生华、包世荣等听了布告十分欢喜，认为言之有理。他们将布告上的部分内容牢记心里。如：唯我中国共产党，此次长征北上，联合各

临夏州西路红军参观团合影

族同胞，共同抗日反蒋，枪口一致对外，挽救国家危亡，驱除日本鬼子，打倒卖国投降，解放工农大众，共建中华富强……

红军建立了景古区苏维埃政府，王朝佐任主席。组建抗日义勇军独立营，杨生华任营长，包世英任副营长。苏维埃政府和独立营动员群众支援红军。红军离开康乐后，县政府责令将红军布告全部撕毁，藏匿者以通"赤匪"论处。

表面上的布告虽然被撕毁了，但铭刻在百姓心中的布告却像一颗革命种子生根发芽。杨生华、包世英等人暗地里向青年人宣传革命道理，使人们明白穷人要翻身离不开共产党。

1943年，王仲甲、马福善（回）、肋巴佛（藏）领导各族人民起义，景古一带有四五百人参加，杨生华、包世英分别任义军营长和副营长。起义因种种原因失败，杨生华、包世英转入地下斗争，组织农民抗丁、抗粮、抗款。1947年4月2日，二人光荣加入中国共产党，继续开展地下斗争。1949年8月，康乐终于迎来了解放。

红旗在召唤

红军一到景古，就广泛宣传红军的纪律和共产党的主张，并将区公义仓打开，将30石（6万斤）粮食分给贫苦群众，体现"有饭大家吃"的思想。在政治部领导下，组建了景古区苏维埃政府和抗日义勇军独立营。红军政治部授予新生的苏维埃政府和独立营一面红旗，旗上缀有镰刀斧头。红旗插在高楼，迎风招展。

52天后，红军

留在临夏地区的红军西路军老战士（1）

即将转移，临行时告别乡亲们说：离别是暂时的，我们还会回来。红军走后，反动政府反扑过来，将王朝佐、王文镜以参与"赤匪"活动罪名投入监狱，吊打审问，让其交出红旗，二人一口咬定撕毁后烧在炕洞里了。其实，红旗被杨生华藏了起来。杨生华认为，得民心者得天下，共产党必胜，国民党必败。每当遇到困难，他就把红旗取出来看看，怀念红军，怀念共产党。

1943年，洮河流域农民暴动，杨生华打出这面红旗，一呼百应。起义失败后，他卷旗待机，坚信红军一定会回来。1949年8月，康乐解放了，杨生华把珍藏了13年的红旗作为革命文物献给了康乐县人民政府。

莲麓乡四址村农民王文华曾将一只锈迹斑斑的铜壶交给康乐县文化馆，作为革命文物予以保存。王文华讲述了铜壶的经历：

那是1936年夏天的一天晚上，红军紧急集合作突袭演习。一名战士因夜黑路生，失足跌进五米多深的窟圈不幸身亡。次日，王文华的父亲王四娃起早拾粪，路经那里，往窟圈一看，发现一名战士，于是赶忙报告红军，连长让他就地掩埋。王四娃下到窟圈，发现除枪弹外，还有一把小铜壶。掩埋了战士遗体后，他把枪弹交给红军，将小铜壶藏起来做纪念。

留在临夏地区的红军西路军老战士（2）

1948年，王四娃老人病危，临终时叮嘱儿子说："红军是穷人的靠山，红军壶是红军的面目，不管遇到多大的困难，红军壶不能丢！"王文华遵照父亲遗嘱妥善保存。1958年大刮"共产风"，凡家中的铁铜器物一律交钢铁任务，有些地方连门扣子都被剜去。王文华将15斤重的铜火盆交出，却将铜壶密藏起来。"文革"期间，"造反派"责令他拿出铜壶，王文华断然拒绝，遭批斗挨打。他忍受百般

景古红军楼

耻辱，终于保住了铜壶。"文革"后，有人登门出高价收购，王文华说："哪怕给多少钱都不卖。"

甘南暴动震陇南

　　民国三十二年（1943年）春，甘肃省南部地区爆发以王仲甲、马福善等为首的农民起义，人数十万，波及二十余县，历时七个月。

　　民国三十一年（1942年）五月，虎关三十铺的马福善、马继祖父子和马艾的、马义良等，由吕伯元、白眉毛介绍，在临洮县苟家滩会见王仲甲和肖焕章，并与活动在马啣山的毛克让、潘彩兰取得联系。

　　农历五月间，王仲甲、肖焕章、苟登弟及毛克让、潘彩兰来米家咀，与马福善父子、马艾的、吕伯元再度会晤，决定成立"西北农民抗日义勇军"，并制作臂章，划分活动区域。王仲甲部的臂章是"章"字，马福善部为"忠"字，毛克让部为"克"字。马福善、马继祖父

子在康乐、宁定、边家湾一带活动，并和东乡的马木哥（绰号眼窝司令）取得联系，同毛克让在马唧山一带活动。王仲甲、肖焕章在牙下集一带活动，并与藏民地区肋巴佛取得联系。陈国栋、吕伯元、潘彩兰分别为临洮城、边家湾、马山的联络员。经过四个多月的串联组织，农历十月间，马福善部有500人、40支枪；王仲甲部有700人、90支枪；毛克让部有1000人、80支枪。各部负责人到苟家滩开会，计划在民国三十二年（1943年）农历正月十五日晚举行起义。

马福善在边家湾接到临洮红帮负责人马殿选的报告，于1943年1月16日晚，在尧甸夺取国民党送往兰州的40匹战马和8支枪。17日，又到东乡二十铺夺取师管区补二团到渭源接新兵两个班的24支枪。

1月18日，获悉保安团欲清剿边家湾，马福善父子等研究决定，由马继祖任司令，陈国栋任副司令，马艾的任团长，提前起义。当晚在临洮县政府门口、街道铺面、洮河桥头等处张贴布告标语。1月20日拂晓，由陈国栋率四十余人，协助毛克让部铲除樊家岭大恶霸申世录。当天，打听到保安队在边家湾，马继祖率队向排子坪撤退。保安队紧追不舍，被马继祖击毙两人，阵容大乱。群众手持榔头、铁锨呐喊助威。起义军俘虏中队长、分队长、士兵各一人，首战告捷。1月25日，马福善父子和肖焕章合兵处决土坝王家大恶霸王结人，得枪8

"甘南民变"主要领导人马继祖

"甘南民变"主要领导人王仲甲

支，开仓放粮二十余石。1月28日，国民党派兵清剿。保五团带保安队两个中队配合十二师步兵一营从临洮出发，到南乡安下川一带；十二师三十六团两个步兵营配合八二军部队从康乐出发，保四团一个大队从会川出发，前往牙下集一带形成包围圈。在格子坪，起义军与国民党部队遭遇，击毙机枪射手和预备手，夺回轻机枪1挺，步枪130余支，击毙数十人，俘虏百余人。马福善、马继祖、肖焕章撤兵到苟家滩整编，将部队编为回、汉两个团。回团由马艾的任团长，汉团由肖焕章任团长，马继祖为司令，率领部队往岷县一带打游击。1月29日，部队经峡城、包舍口、中寨集到梅川镇。在木寨岭、老爷店与尾随的十二师一个营发生激战，获枪20余支。马福善、马继祖率部迁回到临洮高庙山一带，被敌十二师一个团、保四团一部包围。突围时击毙、击伤敌军200余人，起义军伤亡80多人，马艾的团长阵亡。马福善、马继祖、肖焕章率部撤回边家湾。2月9日，十二师一个团和朱守天的一部，从卧龙寺向义军发起进攻。马福善、马继祖、肖焕章率兵上康乐与宁定交界处的红山。康乐县长赵文清派马艾的之父（外号牡丹）上山招降，驻宁定八二军部也来劝降。起义军决定，暂时分散活动，正月十五日（2月19日）到临洮漫洼会合。马福善、马继祖回宁定巴羊沟，马木哥回东乡，肖焕章回牙下集找王仲甲。数天后，马福善、马继祖又回边家湾。2月27日，得到情报，马继祖率部队夜渡洮河，在新添铺皇后沟突袭国民党向兰州输送的新兵400余人，其中有200多人反戈参加起义军。

王仲甲在牙下集一带组织800多人马，编为三个团。肖

"甘南民变"主要领导人肋巴佛

焕章、蒲万祥、何建吉分别任团长，王仲甲任司令，赵友安任副司令。2月22日，在蒲家山与国民党三十四团作战受挫，王仲甲头部受伤，进入原树坪。

马福善部突袭皇后沟后，在新添铺又击溃一个保安中队，即向漫洼移动。马木哥由东乡率部到康乐。4月16日，马木哥部与保安队马世五、苏效由在上湾和尚沟梁接触，保安队大败，马世五受伤。5月20日，康乐保安队在朱家山同义军对阵。起义军击毙保安队中队长朱兰亭，分队长高登云、辛兆吉，共打死保安队员42名。

漫洼会师后，各路首领公推毛克让为总司令，王仲甲、马继祖为副总司令。义军向榆中的新营镇一带进发，在郎儿山与国民党军骑十二师的四个团接仗，击退包剿，毙伤敌人200多人，俘虏40多人，缴获步枪100余支，机枪两挺。

3月13日，王仲甲率部回景古城一带大搞组织串联，数天内起义军扩充到五千人马。马福善、马继祖在马家集、草滩、普巴发展到两千多人马。

3月16日，王仲甲和马福善父子率部经宗丹沟至会川，攻官堡未克，掉头到渭源救祁三（岷县大草滩人，洮岷一带的红帮头子，支持

"甘南民变"主要领导人肖焕章

起义军，被天水专员胡守谦逮捕，押在渭源）。部队在牦牛沟与国民党一个骑兵连遭遇。敌人被袭击后，逃入渭源城。义军头领杨华如、吕伯元闻讯率三千余人驰援，攻城五天未克。

3月24日，王、马部撤到陇西首阳镇、汪家衙一带，与毛得功、夏尚忠会合，重新整编为两个旅。肖焕章任第一旅旅长，辖姚登甲、蒋子俊、康马代、毛得功、夏尚忠等团。梁某为第二旅旅长，辖吴建威和毛克让团。王仲甲任总司令，马继祖为回民

司令。王仲甲部往定西沙坡、榆中东部一带活动，在水家坡与国民党军周体仁部遭遇，战斗失利。

马继祖部在沙坡得到回族闵福文两千人马的补充。4月5日，在内官营和国民党十二师三十六团一个营遭遇。敌人被赶进内官营堡，义军得枪十余支。后进驻杨寨、马坡，增加马亥比、杨华如两个旅，人马增到三千五百余。安华雄的一千余人增编为特务团、传令队、执法队。毛克让部也相继抵达，驻新营一带。省交通司令马锡五团、阿干镇张华自卫队百余人来剿，战斗打响。因毛克让临阵脱逃，马、张率部突围逃往兰州，义军获枪百余支。义军黄作宾、罗万虎以万余人攻打榆中县城，未克。

王仲甲在榆中水家坡失利后，转战洮西，与肋巴佛在门楼寺会师。起义军重新整编为五路军，一路肖焕章，二路马继祖，三路肋巴佛，四路苟登弟、常守泰，五路姚登甲、张明信（张毛胡）。然后往渭源拉麻地区，与国民党军队先后激战，两次失利，即转向临洮牙下集、苟家滩和格子坪。

4月7日，除毛克让部在马山，肋巴佛在临潭，马继祖在定西，黄作宾、王作宾在榆中外，其余各部在格子坪会师。选举王仲甲为总司令，赵友安为副总司令，王星垣为总参谋长，董策三为秘书长，苟登弟为副官长，分为十路大军：一路肖焕章、吴建威；二路苟登弟、常守泰；三路吕伯元、毛得功；四路马福善、马继祖；五路姚登甲、张明信；六路毛克让、梁某；七路肋巴佛、年永泰；八路杨华如；九路黄作宾、王作宾；十路张子英、来子俊。义军颁发印鉴，制定军纪，宣布誓词、布告。决定以榆中、定西、临洮、洮沙、皋兰各县为游击区，由杨华如、王作宾、毛克让部利用山区有利地形牵制敌人，截断西兰公路及主要交通干线，造成孤立兰州之态势；以陇东、陇南为重点进攻区，由马福善、马继祖率部向陇东推进，打开通往陕甘宁边区的路线；由王仲甲率一、二、三、五、七路向陇南挺进，进驻武都、松潘茂州等地区，打通川陕路，与四川取得联系。

王仲甲在岷县闾井歼灭周体仁部一个连后，南下进入宕昌。5月

20日，王仲甲在武都草川崖同张英杰、刘鸣会师，正式成立"西北各民族抗日义勇军"，选举张英杰为总司令，王仲甲为副总司令，王德一为总指挥，刘鸣为参谋长，肋巴佛为藏民司令。决定从各路军中抽调40名精悍战士、40匹马，由蒋子俊率领，前往康县暗门口，联络红帮头子周富银起义。次日，义军突遭国民党飞机袭击，人员紧急疏散。国民党调集大军前堵后追，封锁白龙江铁索桥，阻塞南下唯一通道，致使起义军腹背受敌，节节失利。加之刘鸣未得到总司令之职，曾数次拉出自己队伍北撤，义军只好放弃南下战略。

在国民党数路军队追赶包围的形势下，王仲甲在武山的马坞镇主持召开紧急会议。张英杰、肖焕章、吴建威、王星垣、马福善、姚登甲、杨华如、王德一、刘鸣、张建成、肋巴佛、年永泰、张英奎等人参加，会议决定由刘鸣任前锋，马继祖为后卫，东下平凉，往陕西黄龙山投奔共产党。

甘南农民起义使甘肃省政府要员谷正伦、朱绍良惊恐万状。蒋介石也坐卧不宁，多次电令迅速歼灭，调集周体仁的第三军十二师由兰州向榆中、洮沙进发；第七师由定西向洮沙进发；张占奎骑兵九师由风翔经陇南向岷县进发；罗历戎三十八军第十五师由武都、岷县堵击；五十九师、五十一师由陇南向临洮进发；马步芳派骑兵一个团、步兵两个团在宁定、和政、康乐堵截；交通司令马锡五的骑兵团和甘肃省保安司令部的二团、四团、六团配合堵截；驻兰空军八大队二十三中队接连出动飞机轰炸。

在马坞会议第二天，肖焕章、吴建威、刘鸣在滩歌镇被来自岷县、武山的敌人两个师三面包围击溃。4月18日，任谦派胡申新赶到滩歌镇，传达中共中央副主席周恩来在重庆听取甘南农民暴动情况后所做的重要指示：第一点，根据当时的形势分析，甘南民变动手早了，有可能失败；应分散隐蔽，积蓄力量，以待时机；愿进边区，注意董志塬上的大涧沟。第二点，根据边区的经验，帮会组织不能利用。第三点，改善役政，改善粮政，打倒贪官污吏，打倒发国难财者，拥护抗战到底。根据周恩来的指示，各路义军迅速向临洮回撤。

马继祖、王德一、张英杰等部入康乐，肋巴佛部入藏区，肖焕章、王仲甲、吴建威部回牙下集。国民党九区专员何世英给王仲甲写信劝降，王复信予以驳斥。王仲甲、马福善、张英杰、马木哥等部到朱家山一带活动。

6月26日，五十九师、七师分别向朱家山进剿。经过两天两夜的战斗，起义军伤亡惨重。王仲甲部撤往牙下集，马福善、马继祖带人进入药水峡；肖焕章、吴建威部进入白石山，分散隐蔽。在陇西渭源游击的刘化一、吕伯元、毛得功、郭化如、杨友柏、张尕雁等部被十五师击败。在定西、榆中的黄作宾、王作宾、王永贞、左少堂部被五十一师击败。活动在岷县、宕昌、武都一带的毛克让部被骑兵旅击败。历时七个多月、波及二十余县的甘南农民起义遂告失败。

国民党甘肃省政府组成两个宣抚团，张贴文告，发放赈款，豁免兵役、粮、杂税，取保发放良民证，进行分化瓦解活动。兰州士绅裴建准派人前往朱家山给张英杰、王仲甲送信劝降。原国民党军营长、投向义军任要职的张英杰，此时已感绝望，遂叛变投降，枪口转向义军，仍不免于被杀悬首。

五十九师师长盛文奉蒋介石"1943年6月底以前肃清，宁肯错杀一千，不准漏网一人"的手谕，同十二师在景古进行清乡征剿，分别在景古城、杨家河、线家滩进行三次大屠杀。仅线家滩一地，即用机枪射杀57人。康乐县长赵文清把"尖地坝崖"改成"荡寇崖"镌刻其上。

福善父子二三事

在康乐县城西郊风景秀丽的龙头山公园中，有一座呈六边形飞檐翘角的纪念亭，它就是甘南农民起义领导人马福善的"纪念亭"。

马福善（1884—1955年），原名马成义，回族，康乐县虎关三十铺人，民国三十二年（1943年）发动震惊陇原大地的"甘南民变"。他一生因劫富济贫、乐善好施，人们叫他"老福善"，新中国成立后，任广河县首任县长，1955年病逝。

马继祖，马福善长子，"甘南民变"的主要领导人，中共党员，1950年接任广河县县长兼"临夏回民支队"队长，1952年因故被撤职，十一届三中全会后，任康乐县政协副主席。

1943年，马福善父子同情处于水深火热之中的各族群众，联合王仲甲、肖焕章、牙含章等，策划组织了震撼全国的甘南农民起义，有力地打击了国民党在甘肃的反动统治，并留下许多脍炙人口的故事。

马福善纪念亭

激战边家湾

民国三十一年（1942年）腊月十四日，天快黑了，临洮城内红帮头子马殿选给在卧龙乡潜伏的马福善捎来口信，说甘肃师管区有两个班的士兵，明日一早前往渭源接兵，你们在东峪沟埋伏夺取敌人枪支。马福善立即调配24人组成小分队，由马义良带领，于黎明出发。根据地留守人员仅有马福善父子和吕伯元四人，静候消息。

东方发白，起早拾粪的群众报信说，不好了，庄子被保安队包围了。原来驻扎在张家寨的保安队，仅距边家湾5华里，得悉义军主力东渡洮河，于是搞突然袭击。敌众我寡，情况万分紧急。马福善镇定自若地说："造反不怕死，怕死不造反，我们四个人从四面出击冲出去，然后在排子坪集合。"命令一下，四个人朝天打了几枪，喊了几声"杀！杀！"就往外冲。保安队都是怕死鬼，不敢抓捕，四人冲出边家湾。

敌人押睡窝抓捕的计划失败了，40名敌兵呐喊鸣枪向义军追击。马福善等人占据有利地形，居高临下，瞄准敌人点射，撂倒敌兵三个，敌人的追击气焰减弱。马福善命令马继祖和马艾吉迂回两侧包抄射击，排子坪的回族群众也手持铁锨棍棒，来为义军助战，喊杀声震耳。敌人见势不妙，各自逃命。敌中队长和跟随的两个士兵跳进洮河，妄图渡河逃命，被群众捞出来。寒冬腊月，敌兵衣服冻成冰块，直打哆嗦。马福善见他们怪可怜的，叫换下衣服，生火取暖。他出去给几位老人说，我要杀他们，你们求情搭救，这么做，于地方有好处。老人们答应依计行事。

一切商定后，马福善提着手枪，厉声地说："把龟杂孙们拉出去杀了！"三敌兵叩头求饶，几位老人也跪下求情，"当兵人也可怜，家有父母妻子，今天司令积个德，把他们放了。""这些狼心狗肺的家伙能记情吗？"马福善说。敌军又叩头："只要把我们的命留下，你就是再生父母。"马福善听了，将手枪装进枪匣子，一本正经地说："看在结拜的脸面上，今天把你们放脱，枪弹归还，念你们可怜，每人发10块银圆，回去买套新军装换上。只要是枪口对外打日本的，我们就是朋友。"三个敌兵接过枪弹和银元，发誓赌咒再永远不打义军。

边家湾一仗，击伤敌兵6名，俘虏3名。义军以一当十，声名大振。

一把筷子折不断

民国三十一年（1942年）冬，马福善在康乐、宁定、临洮三县交界处的卧龙乡插旗造反，痛打保安队旗开得胜，老百姓寄予很大希望。民间流传说：卧龙起身了，世事要翻个滚呢。随后，临洮毛克让在苗家山举义旗呼应，王仲甲在牙下集聚众暴动。国民党第九区伪专员何世英惶恐不安。

马福善分析形势，主张派人联络各路义军，团结抗暴。当时义军中有些人存在流寇思想，他们的想法是"有命了穿条绸裤子，没命了爬下烙肚子（被打死）"，主张各立山头，宁当鸡首，不做凤尾。马福善召集大家开会，手里拿着两把筷子，把一把筷子拆开，每人分给一根让他们折。众人咔嚓折坏了。马福善又把另一把筷子用麻绳捆紧让大家折，谁也折不坏。马福善语重心长地说："道理很简单，单丝不成线，独木不成林，团结起来力量大。要促成反蒋抗日大业，就得联合毛克让、王仲甲。"大家听了心悦诚服。突然，一个五大三粗的中年汉子站起来，直肠快语地说："和囊尕（指汉族人）能联合到一搭吗？"发言的叫马木哥，绰号"眼窝"，东乡族。马福善一听解释说："你这是民族偏见，不管是回、汉、东乡，天下穷人是一家，边家湾是汉民，咱们老回回不是他们保护能站住脚吗？"话锋一转又说："我们要把旧脑子换成新脑子，回、汉、东乡团结起来对付国民党的压迫。"一席话说得"眼窝"茅塞顿开，用东乡话连说"高窝高窝"（好）"麻尼空"（自家人）！

后来通过联络，三个代表在紫松山开会，达成协议，组成司令部，统一指挥，举起抗日反蒋大旗，打土豪劣绅，接济贫困百姓。义军因旗帜鲜明，一呼百应。当时民间歌谣曰："卧龙来到紫松山，子孙跟上闹翻天。"

九甸峡缴枪

"九甸峡，窄峡峡，把保安队的枪下哈。"这是当年流传的两句歌谣。

民国三十二年（1943年）五月，马福善率义军从牙下集出发，顺洮河而上去岷县，到峡城时侦探获得情报：九甸峡驻防一个保安团中队，凭借险要关隘堵截义军南进。

马福善冷静分析了敌情和地形，当即做出决定，只能智取，不能强攻。他从义军中找了一名能说会道的机灵人，叫马彪，让他去佯装报信，引蛇出洞，伺机歼灭。马彪身穿长袍马褂，头戴礼帽，装扮成地方绅士，摸黑神色慌张地来到保安中队部，声言报信。站岗的伪军盘问了几句，他对答如流。敌兵还搜了一下身，见他没带任何凶器，这才被领进队部。敌人十分狡猾，防范严密。马彪见到中队长，急切地说："有土匪，快请长官出兵捉拿！"那家伙沉着脸，盯着来人上下打量，半晌才说："你是土匪的密探，还编谎骗我。"马彪脸不红，心不跳，心灰意冷地叹了一声："没想到苍蝇碰到钻头上了，我既然是土匪的密探，是杀是剐任队长处治吧。"中队长哈哈一笑，往他肩膀上拍了一巴掌，说："老弟别多心，人是肉，识不透，我把你故意诈了一下，证明你是自家人，快把匪情讲来。"马彪才不急哩，要了一杯水喝，这才一本正经地说："土匪12人，胡子巴茬的都是老回回，好像打了败仗，饿狼般地寻吃寻喝，还有个五十多岁的孬老汉，我听土匪

九甸峡

们叫司令，怕是土匪头子。"中队长一听有司令，立刻眉开眼笑，说："肯定是马福善，我捉住他，升官领赏的机会到了。"马彪激将说："土匪宰羊煮肉，听说鸡叫就动身，机会难得呀！"

这时又接连来了两个报信的，都是马福善相继派出的。中队长当即命令：集合出发，仗打胜每人赏一块银圆。敌军由报信的带路，走了不到一公里，钻进二百多米长的一条山沟，遍地灌木丛林。敌军进入半沟，突然枪声四起，"缴枪不杀！"喊声震谷，60多名保安队成为瓮中之鳖，乖乖地缴了枪。此役，义军缴获长枪50支，手枪2支，马3匹。

马福善说，他用的是"调虎离山计"，摆的是"口袋阵"，多凶的老虎装进口袋里也没法动弹了。

智斗伪专员

1948年12月，三十铺村地方绅士马寿天为儿子结婚办喜事，特邀甘肃省第九区专员何世英参加婚宴。何世英为铁杆反共分子，欣然应邀，并借机摆下"鸿门宴"，企图缉捕马继祖以绝匪患。宴会前，何世英派马寿天向马继祖激将挑衅："你算一条汉子，何专员今天来贺喜，你敢不敢见面？"马继祖略加思索后说："有啥不敢的，我是共产党，革命不怕死，怕死不革命！"为避免发生意外，他派遣原民变义军成员马义良等四人，身藏手枪，混入马寿天操办喜事的人群里，注视敌人动向，见机行动，另安排五名年轻人在家等候，一旦有事持枪接应。

马继祖做好准备后，牵着两只羊，羊头上挂着彩，堂堂正正地去贺喜赴宴。这天，何世英的卫队和康乐保安大队的二十多名士兵，荷枪实弹，杀气腾腾地等"匪首"到来。马继祖一进大厅，何世英先发制人，训斥道："你这个马继祖三十二年为何要造反，抢劫杀人，对抗党国，你羞不羞？"马继祖针锋相对地驳斥道："官逼民反，民不得不反，敲诈勒索，不管百姓死活，官不羞，民何羞？"在场的人听了讥笑起来。何一时语塞，骂了声："好个刁民！"马寿天见气氛紧张，随机调和道："算了算了，各自包涵，快请赴宴。"第一回合，何专员陷于被动，耿耿于怀。

宴席快要结束，马寿天对马继祖说："专员要和你单独谈话。"马继祖毫无惧色："谈就谈。"来到小屋，何说："我借贺喜的机会，目的是和你见个面，咱们不打不相识，我看在家闲坐不好，你有本事，跟我干点事"。马继祖说："我是个粗人莽汉，但认准一条，只要对老百姓有利的事，我一定卖力去干。""好！"何世英笑里藏刀地说："你可到专署任职。"他立刻叫来保五团团长高骞贵和康乐保安队大队长张宇之，当面下令："马继祖从康乐出发，由张大队长负责护送，到临洮（专署所在地）由高团长负责安全。"何世英企图用调虎离山计谋害马继祖。马继祖感觉形势不妙，于是不热不冷地说："到专署任职是专员对我的高抬，不过这个福我享不了。""为啥享不了？"马继祖严正地说："龙离不开水，虎离不开山，今天你要是胁迫我，别忘景家楼的事会重演。"一提景家楼，何世英面露惊恐之色。马寿天见话不投机，火药味浓，又发现院子有伏兵，便劝解说："专员和你见面不容易，两家以和为贵，今天谈不拢，来日方长，改日再谈。"马继祖顺水推舟说："好，我告辞了！"何世英考虑到个人安危，未敢妄动。马继祖安全脱身。

"荡寇崖"下冤魂多

在景古镇阿姑山下、王家沟门对面的倒流河之东，有一座高耸入云、如斧劈刀削的绝壁悬崖叫大崖，中华民国时，这里有佛寺三间，佛龛一间，在佛龛之侧的石壁上曾凿有"荡寇崖"三个大字。它是用几十条无辜生命书写的。

1942年，陇上大旱，民不聊生，国民政府横征暴敛，四处抓兵，索粮，要款，闹的乡下鸡犬不宁。于是激起了一场轰轰烈烈的反抗国民党黑暗统治的武装起义——甘南农民暴动。但暴动因种种原因归于失败,1943年农历五月十三日进剿农民暴动的国军59师师长盛文与康乐县长兼军法官赵文清,将手无寸铁的无辜百姓数百人作为"散匪"绑押至线家滩东大场,不问青红皂白,用机枪扫射,顿时血流成河,这时被绑押的人群中有个绰号叫刘逛的大叫:"老天爷,你不睁眼睛吗,为什么把我们好人这样枪毙呢!"师长盛文闻声叫暂停扫射,待问明情节再说,但此时生者已无几,将死者分六、七人为一穴掩埋,其中一坑中埋了37人。赵文清还将周毓德、张尕毛等4人的头悬挂示众。

县长赵文清与师长盛文同为湖南醴陵人,为铭记"剿匪"有功,于翌年五月命大崖为"荡寇崖",并撰文刻于崖上,铭文是:

五十九师师长盛文与余同乡剿匪于此,擒匪首张英杰、刘鸣等,匪患荡平,勒石铭庆。

康乐县长醴陵 赵文清 撰书
中华民国三十三年五月五日

崖上铭文于1951年为乡长王建吉凿毁。

白石山下

灵水沃土花儿红

花儿唱了一千年

黄河上游的洮河、大夏河、湟水流域山川秀美，人杰地灵，物阜民丰，是华夏文明的发祥地之一。这里又是中原文化和西北各少数民族文化碰撞、交接的前沿地带，文化积淀深厚，历史源远流长。能歌善舞的各族人民共同创建了一种名叫"花儿"的民歌。

莲花山花儿（即洮州花儿）是"花儿"的一个分支。它以莲花山地区的汉族为主，在藏族（吐蕃族）参与下，糅合了吐蕃"踏歌"及汉族"碾场"、进山的劳动号子"牛拉拉""烟雾拉"等多种民间文艺形式，在长期演化过程中逐步成熟定型，在洮河中上游地区汉、藏、回、土等各族群众中传唱。

"明朝年间洪武年，莲花山上就朝山。"明初，江南移民迁居洮州，带来了吴地民歌民谣以及吴地的民情风俗，大大扩充了莲花山花儿的演唱内容，丰富了莲花山花儿的唱词。"路远歌""尕缘花""阿连儿"等很有可能是在吴地民歌民谣的基础上形成的。由于吴地移民的加入，莲花山花儿的"山场""唱山"也开始增多。除莲花山而外，紫松山（子孙山）"唱山"开始兴起，而且日趋程式化。

莲花山花儿的体式特

点，第一是娇小，单套只有三四句，双套只有四至六句，易编易唱；第二是多变，句子可多可少，字数可长可短，唱法十分灵活，可以自由编唱，只要合乎基本的体式要求就可以了；第三是完整，唱段有头有尾，开头有兴句，中间有正句，后面有尾声，是一个完整无缺的个体；第四是丰富，既可以自由地叙事抒情，又可以讽喻时弊。

莲花山花儿在外在形式上分为单套花儿、双套花儿、三转腔花儿（变体花儿）。在一首花儿里一韵到底的叫单套，一首花儿里出现两韵的叫双套，出现三韵或四韵的叫三转腔花儿或变体花儿。在内容上分为散花儿和整花儿。散花儿犹如一首抒情的小诗，是花儿中最具活力、最有生活气息、最精彩的部分，深受广大群众喜爱。散花儿中包括单套花儿、双套花儿、成套的花儿，是生产、生活、交游、婚姻、拦路、敬酒、生育、出门、敬老爱幼、朝山拜佛、谈情说爱等方面的花儿，没有情节，只有流淌的感情。可以由一个主题连续不断地唱下去，直到双方尽兴为止。整花儿就是成套成本的花儿，它包括整套花儿、段子花儿、变体花儿、本子花儿，如《十二月牡丹》《花唱十二月》《二十四节气花儿》等。段子花儿如《九九情》《脚户情》《十盏灯》《苦命人》等。变体花儿如《想吃山里卧龙头》《我和花儿团圆了》等。这些花儿的句数较多，有的达四十多句。本子花儿是花儿中的大戏，如《出五关》《三国演义》《三打白骨精》《辕门斩子》等，容量大，篇幅长，不易演唱。

对歌会上

过去康乐、临洮人朝莲花山，村中人要给朝山友放鞭炮、敬酒、挂红，体体面面送行。六月六日返回紫松山时，还要在丁家寺湾里放特制的大铁炮。有的举家出动去朝山，如花儿唱道："杆两根，一根杆，娃娃不引门不看，一年一趟莲花山。""杆两根，一根杆，青稞没黄麦没干，为啥不朝莲花山？""斧头要剁黄刺呢，我要朝个山去呢，讨个吉祥如意呢。"农历六月初二、初三朝山去的"马莲绳拦路"和初五返回时的"马莲绳堵路"，小孩大人都参观，过路的人要"对花"才肯放行，"马莲绳拦路是老规程，你不唱花时走不成！"花儿会是三州六县群众的"狂欢节"，人数在七八万之多。在会场，有的整村整庄包店，白天黑夜地唱花，在莲花山下不读书的人有，不会唱花的人没有。有的人嗜花如命，爱花成癖，唱花唱了一辈子。莲花山花儿虽可一人独唱，但毕竟单调乏味，只有三五成群地联唱，形成众多的花摊子，才有气氛，正如花儿中唱到的："里一摊，外一摊，唱上三天唱不完，拴住日头唱三年。""你一声，我一声，唱（者）石山落一层，石山落是落不成，下面（它）有我的人。""还着去，对着来，美美个地唱两个（读'盖'），不为唱花万不来。"

莲花山花儿中，情歌占了很大一部分，常听到"尕妹"长、"尕妹"短，其实只是戏谑娱乐，并非真的谈情说爱。在漫长的岁月里，唱花一是"娱神"，二是"娱人"。花儿中有人花、神花、鬼花、生产花、生活花等，无所不唱。正如歌手们所唱的那样："唱天呢，唱地

紫松山花儿会

呢，要唱三皇五帝呢，还唱凡人阳世呢，唱（者）要上电视呢。"

莲花山花儿既有颇具生命力的大量传统花儿，又有歌手们不断创作的大量新花儿。莲花山花儿几乎是每一时期的晴雨表、温度计，它在准确无误地记载着身边发生着的每一件事。如以前的《禁鸦片烟歌》《抗战花儿》《苦心曲》《想红军》等就是当时生活的忠实纪录。从新中国建立到改革开放的新时期，都留下了大量的新花儿，人们称之为"政策花儿"。康乐刚解放时，人们唱道："金鸡叫鸣天亮了，红旗插到庄上了，世事大不一样了。"2005年农业税免除后，人们唱道："皇粮今年拉倒了，负担总算变小了，走路试是轻巧了，以人为本太好了。"在党员先进性教育时，人们唱道："党员就要先进呢，群众看你脚印呢，光说大话谁信呢，阿么带领百姓呢。"

莲花山花儿是一首抒情小诗，每一首小诗又是组成长篇叙事花儿的一个小部件。叙事花儿大体分为五大类：一是朝山花儿，包括马莲绳拦路花儿、足古川敬酒花儿、夜间花儿对唱、莲花山盘歌、歌唱莲花山等；二是爱情花儿，包括梦花儿、找花儿、缠花儿、想花儿、遇花儿、别花儿等；三是段子花儿，如做亲家、搭喜花儿、邀请花儿、生产花儿、时令花儿等；四是故事花儿，如《唱三国》等；五是神话传说花儿，如《八洞神仙》《十二牡丹套神仙》等。

莲花山花儿曲调单一，而歌词却浩如烟海，并且每年要创作数以万计反映现实生活的新花儿。莲花山花儿语言幽默风趣，方言俗语流畅上口，或实话实说，或形象比喻，有的叫使人茅塞顿开，有的令人捧腹大笑，有的使人回味无穷，有的令人瞠目结舌。

莲花山花儿的艺术价值早在20世纪80年代已引起海内外民间民俗专家和文化艺术专家的重视，相继出版了一系列花儿论文集，每年都有大批省内外、国内外的院校师生和相关专家来莲花山地区采风。汪鸿明、丁作枢的《莲花山与莲花山花儿》一书，对莲花山及莲花山花儿进行了全面系统的介绍，也汇集了数十年有关莲花山花儿的研究成果。2005年，康乐县被中国民间文艺家协会命名为"中国花儿保护基地"。

搭喜花儿贺吉祥

在康乐莲花山地区，新媳妇生下头胎孩子后，按照传统习俗，要吃"满月"宴席，15天为满月，象征花好月圆，吉祥如意。

山区阴冷潮湿，妇女生孩子时特别注重护脚，防止得病。娘家人在鏊锅里烘烤12个椭圆形的花炕子（大饼），形状犹如鞋底，给月婆送来叫"送顾脚"。娘家人一进庄就引吭高歌："麻底鞋嘛布底鞋，我是月娃外奶奶，给月婆送者顾脚来。"亲家迎上去酬和："灯花跳，喜鹊叫，娘家人顾脚送来了，驴驮马载运来了，我头顶香盘迎来了。"这时外家又夸赞道："亲家的庄子实在好，门头上长的灵芝草，又招财来又进宝，荣华富贵活到老。"

对唱几段"花儿"后，婆家人将娘家人迎进门，请到上房，先斟一杯青稞酒敬上，亲家接住，先给祖先浇奠一下，讲几句吉祥话后一饮而尽。

奠酒毕，娘家人把礼品全掏出来，月娃从头到脚的穿戴全由外家带来。

一家有喜事，百家来祝贺，亲朋乡邻都或说或唱，前来恭喜，叫"搭喜花儿"。娘家人取出两个特制的花炕子（大饼），直径约50厘米，中间是空心，框在爷爷和奶

民俗专家柯杨与花儿歌手

奶的脖子上权当项圈。爷爷戴一尺长的磊磊帽，手持牛尾巴。奶奶耳朵上垂两个大红枣，戴着麦秆做的眼镜，手拿笤帚，欢声笑语地扭摆对唱："骡子戴响铃者呢，我得下一辈人者呢，欢者说不成者呢"，"古树发出苞秧了，我把孙子抱上了，俩老人有了干场了"。

爷爷奶奶对歌后，月娃父亲抱着婴儿，细竹竿上挑着一朵纸花，在人群中扭摆。软溜溜的花竿闪到谁跟前，就由谁唱花儿，内容全是道贺、夸赞、祝福，如"烟雾缠山雨来了，亲朋大恭喜来了，专门恭维你来了"；"亲朋来时空没来，新鞋新袜都拿来，还送个金子佛爷来"；"碗口大的红牡丹，你得下孙子都喜欢，给亲戚朋友管酒饭，亲朋给你撑体面"，等等。

在漫长的旧社会，因无医疗保健条件，康乐县人口出生率低，死亡率高。因此，群众对生儿育女倍加重视。近些年，随着社会文明的进步，人口的迅猛增加，搭喜花儿内容偏重于计划生育，如"先唱开天辟地呢，后唱计划生育呢，不计划是咋做呢，人多憋破阳世呢"；"生儿育女不计划，人口还比地面大，众位乡亲想过啦，地球把人担住哪？"

除触景生情唱"散花"外，歌把式们还对唱"整花"，如"十月怀胎""十二贤孝""二十四孝"等。演唱者载歌载舞，把自己融进不同内容的情景之中，情趣浓烈，表现出山区人民纯朴豁达、豪爽乐观的性格。

花儿歌手

晚上，小伙子们拉住爷爷讨喜糖、喝喜酒、抽喜烟，爷爷故作吝啬。于是，文的不行来武的，将老人上身脱光，脸上抹上锅墨，夏天用荨麻乱剁，刺得生疼；冬天拿猪毛绳捋，又扎又痒，难受至极。这时老人承诺求饶："冰糖水酒都有呢，娃们能吃几口呢；不够时还有两个刚出蛋壳的鸡娃儿呢，还有一双牛皮窝儿（生牛皮做的鞋）呢。"

闹到半夜，临去时歌手们唱道："亲朋去是空不去，瘟疫疾病都带去，带是不带别处去，带到塔寺古庙去。"

马莲绳绳拦路歌

"马莲绳拦路呢，拦路有啥缘故呢，拦不住嘛拦住呢？"在莲花山花儿会期间，人们用马莲绳拦路对歌，饶有情趣。

相传，洮河龙王的三公主因私到民间对歌，触犯律条，被压在黑甸峡龙王炕下反省悔过。三公主性格倔强，次年六月初，她向看守的夜叉求情："你放我花儿会上浪一趟，心里宽快亮堂堂！"夜叉被她的恳求感动，擅自决定只准三天，期限一到准时回归。

三公主混入浪

马莲绳绳拦路

山的人群，边走边唱："杆一根，两根杆，阴间欢嘛阳间欢，阴间不欢阳间欢，阴间没有莲花山。"她遇见一位英俊的青年联手朋友，一时春情萌动，用歌挑逗："一把扇子两面光，一面尕妹一面郎，中间隔了纸一张，活像隔了九架梁。"对方应和："尕妹好比灵芝草，长在瑶池边上呢；我像白鹤常望呢，阿会嘴里含上呢。"二人歌来情往，游山欢歌。之后，三公主解下腰带，二人扯住腰带拦路对歌，游人们觉得新奇别致，也纷纷仿效。三公主在莲花山唱了三天三夜，嗓音好像百灵鸟，对得妙来答得巧。大家推崇三公主为歌仙，披红挂彩，闹红了莲花山。洮河龙王得知三公主又下凡，怒不可遏，命鳖、蟹二将速去捉拿。二将在人潮歌海中好不容易找到三公主，她对歌的兴致正高，一见二将，吓得脸色突变。歌手们问："出啥事了？"三公主长叹一声："大祸临头！"接着说明了事情的原委，大伙听了同情怜悯，但爱莫能助。三公主含泪唱道："材一页，四页材，指甲连肉离不开，强离扯者血出来！"那青年给三公主壮胆："杀是杀，剐是剐，杀是没犯剐的法，头割过是碗大的疤。"二人携手朝黑甸峡走去，三公主的眼泪落在路上，渗进土里。来到洮河岸边，突然狂风大作，河水暴涨，河里伸出一只龙爪将三公主拉进河里。人们万分悲痛，担心三公主的命运。

第二年人们发现，大路上凡是三公主滴过泪的地方，都长出一簇马莲，开着小蓝花，叶子细长柔韧，车碾马踏也不坏，顽强地生长着。都说，马莲是三公主的化身。三公主喜欢拦路对歌，于是，乡亲们把马莲割下晒蔫，拧成马莲绳拦路对歌，以此怀念三公主。就这样，马莲绳作为感情的象征，世代相传。正如花儿中所唱的："马莲绳像彩带，咱们两家把歌赛，唱上去对上来，活像莲花并蒂开。"

死罪唱成活罪了

　　景满堂（1870—1952年），今康乐海甸村人。由于生长在"花儿"的故乡，在耳濡目染中，景满堂自小就学会了唱"花儿"。二十多岁时，就成了一位小有名气的"花行家"、唱把式。景满堂幼年丧父，靠母亲抚养长大。因生活逼迫，去给远房的叔父当长工。婶娘是一个心狠手辣的笑面虎，看到景满堂在莲花山花儿会上的名声越来越大，每年挣来的"毛红"足够娘儿俩穿一年，于是心中不满，常常故意刁难。光绪十六年（1890年）夏天，一年一度的莲花山花儿会临近了，海甸村的一班"花儿"好家们商量约请景满堂一块去朝山，当"串班长"，但婶娘却有意安排景满堂必须背够50捆烧柴，磨两石面。三朋四友知道这是刁难景满堂，便叫来各家的妇女，簸干净粮食，分头出动，两天就磨完了全部粮食。这下婶娘无话可说了，可她还冷言冷语地挖苦道："你成天哥呀妹呀的，像驴一样吼叫，你娘咋还守寡？你咋还光棍一条，我看你这回干脆把娘引上，山场上寻个老汉，你也拐个媳妇，也算唱花唱出个出息！"景满堂人穷志不穷，怎能忍受这样的侮辱，与婶娘争吵起来。最后，他忍无可忍，一把揪住婶娘的头发，将她抛向院中。

　　谁知，这位不经一摔的婶娘竟卧床不起，一命呜呼。叔父将他告到狄道（今临洮县）府衙门，景满堂朝莲花山不成，反倒坐了牢。衙门里审理这件事的是何军门。他审问道："你为朝莲花山，害死了你婶娘，王法难容，杀人偿命，今判你死刑，择日问斩！"景满堂早将生死置之度外，明知辩解无用，便说："我服罪，不过我有个请求，莲花山会快到了，我生性喜欢唱花，请大老爷高抬金手，宽限几天，让我浪一次今年的会场，唱上几声，死了也是个快乐鬼。"何军门出身行伍，祖籍临洮西乡，年轻时也喜欢莲花山山场花会，能唱几句花儿。他看到景满堂为人正直，是条硬汉子，死期已到还要求朝山唱花，心中不免产生怜惜之情，心想："这世道就像莲花山花儿唱的'针一根，九根针，人活一世草一春，花儿能有几日红'，凡事得看开点，何况我也想去莲花山一游，何不把景满堂带上，朝山路上或许还能派上用场。"于是便吩咐衙役把景满堂暂时收监，待"六月六"一过再处决。

临洮到莲花山有百十里路程。途经鬼笑坡（今康乐五户境内）时，突然有几个拉马的人用缰绳拦住了去路，唱道："杆一根的两根杆，马莲绳绳堵得宽，兀是铁打铜铸的虎牢关，看你口上过嘛底里钻！"何军门愣住了，怎么办？这时突然想起了景满堂，心上一亮："有这小子在，还怕打不开马莲绳！"他回头吩咐手下让景满堂来对付。景满堂见有人堵半截，早就嗓痒，听到让他去打马莲绳，正合心意，立即上前唱道："水有源头树有根，马莲绳堵路是老规程，你阿么（怎么）手里拉的马缰绳？"堵截的人一听不对劲，还没来得及应对，景满堂的第二支花儿又飞来了："锅两口的一口锅，你们懒着连马莲绳没搓，快把马缰绳丢脱，让我们远路上的亲戚都过过。"堵截的人无言以对，只好拱手放行。何军门和随从们哈哈大笑，当下给景满堂挂红挂彩。

当晚，何军门一行驻足景古城。第二天清晨，他们从景古城出发，一路"打马莲绳"行十余里，到达三岔河口。河口离海甸村不远，景满堂老母和众乡亲早早守候在这里。母亲见身带刑具的儿子，肝肠寸断，潸然泪下，乡亲们无不落泪。景满堂含泪唱道："瓜蔓子上结菜瓜，母亲的恩情没报答，留这身子能做啥！"母亲取出一件新做的白土布汗褡，两个青稞面锅巴，让他带上。乡亲们也对何军门的宽容表示感谢，对这位年轻的串班长、唱把式能与他们一起朝莲花山，他们十分高兴，他们跪在何军门面前再次求情，要求何军门解下刑具，让景满堂风风光光地朝莲花山。景满堂领着众乡亲和何军门，一路行来一路唱，打开了一道又一道的"关口"。从飞珠溅玉的洮河岸边一直唱到瀑布流泉的冶木河畔，从莲花山麓的足古川小村，一直唱到莲花山巅。所到之处，唱家云集，歌声似海。景满堂在成千上万的唱家中斩关夺隘，连连获胜，身上披满了何军门搭的彩红。

初四这天，他们同河东的一帮唱家对上了。只见这一班的串班长梳一条油光锃亮的发辫，头前戴着莲花山会场上最流行的热照子，鼻梁上架一副淡色茶镜，身穿白绸子汗衫，外套青缎子马甲、黑绸裤，足蹬崭新的青线麻鞋。别人替他撑着一把大阳伞，手里备着随时可启用的景德镇一品蓝山水瓷壶，壶中自然是冰糖、香茶。他自己手摇一把淡黄色杭扇，浑身上下是一副标准的花行家的着装打扮。景满堂认得此人，他是洮河东岸郭家泉人，姓郭，祖辈父辈都是小有名气的财主。只因他酷爱唱花，不理家务，弄得家道中落，但在花儿会上名望很高，人们尊称他为郭大爷，是莲花山串班长、唱把式中的老字辈。景满堂虽然年纪不大（当时只有20岁），但自小朝山，在老唱家中他老早就认识了这位名噪一时的老字辈，以致成了唱行中你不吃我不喝的忘年之交。这位郭大爷已知景满堂的不幸遭遇，他今天是精心打扮，专门来和海甸村的唱把式们相互对唱的，想用高超的唱花艺术来博得何军门的欢心，用唱花引导景满堂倾诉真情，以感动何军门，给景满堂讨一条活路。

何军门是个以貌取人的人，见郭大爷这身打扮，不免有几分高兴，又见他礼数周到，编花唱花喷珠吐玉，又有一副金嗓门，和景满堂又是一对百里挑一的唱花高手，感到不虚此行，心中大快，当下给郭大爷赏了一条上等的红绫子彩红。对唱正式开始，郭大爷开口唱道："一转山的莲花山，何大人，你见啦，莲花山上云搭桥，有名望的何军门，我把你和敬德月下访白袍，何大人，我们河东里的莲花山是专门寻着你来了。"景满堂接口唱道："河东里的莲花山，何大人说着呢，莲花山的山连山，这两月我把你没见，心上常把你惦念。"郭大爷一班回唱道："海甸里的唱把式，景家亲戚串班长，斧头剁了灯杆了，听说你把法犯了，我像车轮扁扇了，朝山没有陪伴了。"景满堂一班唱道："河东里的莲花山，你听着，把马拦着船里了，我的朋友老唱家，叫你把我盘住了，婶娘把我难住了，前思后想没路了，生嘛死是不顾了……"你问我对，真情似海，景满堂用唱花倾诉了自己的不幸，向人们控诉世间的不平。

这时，一位白发苍苍的老妈妈向花摊子走来，扑向正在唱花的景满堂："儿呀，这一去娘就见不到你了，为娘的也就活不成了，今天我先去了。"说着，转身往身后的一块岩石上碰去，乡亲们急忙上前拦住。郭大爷心中一动，几步跨到何军门面前，连连磕头求饶："何大人，景满堂冤枉呀，他一死，他娘就完了，你就行行好，赦了他吧！"这时，唱花的，观看的，一齐跪了下来，同声为景满堂母子求情。何军门一看这般情景，顿生恻隐之心，心想："景满堂确实无罪，一切只因婶娘狠毒而起，反正景满堂的生死也在自己手上，何不作个顺水人情，放了这个唱把式，从此自己也可留点好名声。"于是，便高声吩咐左右："念景满堂孝敬老母，友好乡里，只因情势所迫，顶撞了婶娘，并非有意致伤人命，加之河东朋友又再三求情，本官念他是一代著名串班长、唱把式，有功于莲花山，特赦他无罪开释，随母回村，乐享天年。"景满堂当即高声唱道："珍珠玛瑙银盘盘，大轿离地三尺三，何头（里头）坐的活神仙，千里路上做大官，今个叫我见青天。"

这件事一传十、十传百，成为佳话。景满堂"死罪唱成活罪"成为莲花山的美谈。

"花儿教授"上讲坛

莲花山的蚰蜒路，
太阳晒着火炼呢；
你和牡丹打骨朵，

我和黄花扯蔓呢；
三天不见想糊涂，
活把肝花扯烂呢。

1962年上半年的一天，从西北民族学院的教室里不时传出高亢优美的莲花山花儿。这是康乐县著名花儿歌手马海清应邀为学生们上莲花山花儿艺术课。

马海清（1898—1969年），汉族，康乐草滩乡那那沟村人。出生于花儿世家，祖辈都唱花儿。莲花山花儿音调高亢，一般人只能唱两句，而他一口气能唱三句或四句，声音悠扬，吐字清晰，所以歌手们尊称他为"马三令"。

马海清受祖辈熏陶，从小就爱唱花儿，14岁时，就成为小有名气的唱把式。19岁那年，在逛莲花山时与逛山姑娘杨桂英对唱起来，男唱："一把扇子两面光，一面尕妹一面郎，当中隔了一纸张，活像隔了九架梁。"女答："一把扇子十二条，拿在手中慢慢摇，啥时把花儿你摇到，情丝倒比铁丝牢。"男唱："隔山望见桃花林，桃花开得水盈盈，心想钻到桃花心，没有穿针引线人。"女唱："三月桃花水盈盈，哥变鹞子妹变鹰，虚空云里自由行，不要媒人也成亲。"歌来情往，难舍难分，从莲花山唱到紫松山，花儿为媒，几经曲折，有情人终结良缘，人称"花儿夫妻"。

在每年的花儿会上，他俩逛遍各个山场，专找强手对歌，乐为败家助威，转败为胜，赢得对方感谢："花儿行里的老把式，你的才学比我高，拜成师傅给我教！"马海清的观点是，对歌要找强手，这样进步快；遇上败阵尴尬的班子，扶败解困，雪里送炭，会赢得好名声。

民国三十二年（1943年），甘南发生农民暴动，马海清联络五十多名百姓参加暴动，在王仲甲、马福善（回）、肋巴佛（藏）的领导下，向国民党反动政权发起进攻。他勇敢机智，枪法准，屡立战功，晋升为营长。每当夜深人静，他就唱花儿鼓舞士气："杆两根，一根杆，穷人活得实可怜，青黄不接没面吃，寒冬腊月没衣穿"；"柏木解成柏板了，粮款把人压扁了，房子卖了地典了，吃饭没有饭碗了"；"抓兵要粮又要款，干骨头里冒青烟，穷人逼着上梁山，拿起刀枪来造反"。起义失败后，马海清东躲西藏，潜伏下来，再也没敢露面唱花儿。

1949年8月，康乐县解放了，他又放开歌喉纵情高歌："金鸡娃叫鸣天亮了，红旗插到庄上了，穷苦百姓解放了，活人才有希望了！"他参加民兵，先后参与了剿匪、土改，保卫胜利果实。他高兴地唱道："千年铁树开花了，三座大山推塌了，人民做主当家了。"

由于声名远播，1962年上半年，他应西北民族学院的邀请，去艺术系讲授花儿。一位民间歌手登上大学讲坛，这是件破天荒的事。他一边讲授一边唱，声情并茂，博得大学生们的一致好评，有不少学生从此爱上了花儿。后来，有的成了花儿学专家。他的学生李恩春在甘肃省广播电台文艺部任主任时，曾对恩师马海清作过专题宣传报道。

"文化大革命"中，他被列入"牛鬼蛇神"黑名单，横遭批斗，于1969年患病身亡，享年71岁。

花儿歌手拦路对歌

花儿唱进中南海

　　1957年4月2日晚，中央领导刘少奇、周恩来、朱德、董必武等在中南海接见参加全国民族民间文艺汇报演出的全体演员，其中一位是来自花儿故乡莲花山的"穷尕妹"丁如兰。

　　丁如兰（1922—1981年），康乐县莲麓地寺坪人，从15岁起唱花，直到1981年3月去世，唱了四十多年的莲花山花儿。在莲花山周围的三州五县，人们都叫她"穷尕妹"，很少有人知道她叫"丁如兰"。人们夸她是"半个莲花山""一代歌魁"。

　　"穷尕妹"乳名菊花，自小聪明伶俐，有一头乌黑的头发和一对毛茸茸、亮晶晶的大眼睛。父母十分疼爱这个长女，昵称她为"毛菊花"。毛菊花自小就很懂事，她热爱大自然，喜欢听冶木河的涛声，喜欢学莲花山鸟儿歌唱，喜欢听妈妈讲述莲花山丰富神奇的传说。三仙女"花呀、莲叶儿"的花儿声，景满堂"死罪唱成活罪"的故事，在

六月六朝山

她幼小的心灵中播下了种子。妈妈经常低声吟唱的花儿，低声吟唱的花儿，让幼小的毛菊花听得入神。从此，村边、河畔、林地，常常回荡着毛菊花那稚气的花儿声。乡村中的三亲六故听了，有的夸赞，有的指责她"没家教，不学针线尽唱花"！毛菊花却不理睬这一套，用花儿回答道："妈妈说下要唱呢，花儿就是人唱的，唱时辈辈发旺呢，不唱穷根扎上呢。"丁家是当地大户，把女孩家唱花儿视为不守门风。面对种种责难，毛菊花用花儿回答道："我娘养我属狗的，出门扎脚舞手的，显化呢嘛丢丑呢，看你割脚呢嘛剁手呢！""我唱时唱着敞地里，没唱着你的嗓子里。""我唱时唱着塄坎上，没唱着你的供桌上！"

毛菊花14岁那年，即民国二十四年（1935年），父亲做主，将她许给河口小庄的石毛娃，还给女儿取个官名叫丁如兰。石毛娃家境好，只是很封建，严禁丁如兰唱花儿。这年农历六月初，莲花山山场到了，毛菊花联络村上的姑娘们去路口"堵半截"（花儿会的一种风俗），被拦的人听唱道："马莲绳绳堵路呢，堵路着有啥路数呢？做亲呢嘛攀故呢？""不唱花儿心不甘，不对花儿花不艳，咱们结伴同上莲花山。"朝山的唱家好手一帮连一帮，毛菊花羡慕极了，实在忍不住，就开口唱了几句："行家一张口，便知有没有。"唱家们一听，忍俊不禁，闻歌止步，开口唱道："园子里的牡

紫松山花儿会

丹花，一转山的小姊妹，你是花行里的小唱家，你名字叫啥姓叫啥，我们莲花山上再搭话。"毛菊花风趣地答道："材一页的两页材，我是地寺坪丁家小字辈，穷人家的小女孩，唱花行里没有我的名，你就叫我'穷尕妹'。"啊，原来叫"穷尕妹"！朝山的唱家好家们不愿走了，接口唱道："花恋蝶，蝶恋花，天下的英雄访好家，谁知道好家在这搭。"一场别有风味的"拦路对歌"在这里拉开了。面对越聚越多的人，毛菊花不由想起了自己艰难的身世："莲花山对的姊妹山，我娘生我也难，心肠没有纽门宽，没心思去看姊妹山"；"斧头要剁红桦呢，我十五岁嫁到婆家里，提起婆家人怕呢，男人打呢娘骂呢，小姑只揪头发呢，公公只说杀下呢。"唱家好家们对自己的同行表示理解和同情，用花儿表示支持："针一根，四根针，只要你把你路走正，世上没有怕的人。"

"六月六"莲花山花儿会快到了。15岁的"穷尕妹"向公婆提出要去朝山。公婆觉得这个倔强的媳妇在家务活上麻利能干，便点头应允。但要小两口一块去，而且不准唱花儿。"穷尕妹"穿戴一新，骑着小毛驴，同丈夫一起上莲花山。这是她平生第一次朝莲花山。高耸的莲峰，参天的苍松，辉煌的庙宇，缭绕的香烟，白色的帐篷，让她兴奋不已。更使她心驰神往的是那百听不厌的莲花山花儿声，像滴滴泉水渗入她的心田。她情不自禁地唱起心中的花儿："洮河流水清又长，莲花山上浪一趟，心上宽快亮堂堂。"花儿声引起了朝山人的注意："这不是'穷尕妹'吗？"于是一首花儿向她飞来："一转山的小姊妹，唱时咱们俩家唱，一家唱时冷汪汪。"她立即回道："手拿剪子铰纸钱，两家唱时我喜欢，就像孔雀戏牡丹。"丈夫石毛娃气呼呼地拉着"穷尕妹"就走。一位唱家唱道："乡亲你是亮清人，只要把人活正经，唱句花儿没事情。"经人们一再相劝，石毛娃无奈，只好坐下，听着听着，也不由得佩服媳妇的才华和歌喉。人心都是肉长的，石毛娃心软了。

穷尕妹在莲花山一炮打响，很快出了名。原来在公众场合男子与男子对唱比较多，男子与女子对唱的比较少，但在穷尕妹的带动下，把男女对唱推向一个新的阶段。她第一次发出"花儿在我心上呢,不叫唱时偏唱呢,看你活埋呢嘛死葬呢,杀不下时还唱呢"的呼声,向一切封建宗法思想宣战,争取妇女自由解放。从此,把莲花山花儿男女间谈情说爱的"小打小敲"推向更广阔的天地,都说"穷尕妹为我们扬眉吐气,做出榜样,说出了公道话"。

但是,穷尕妹浪山唱花儿却触怒了石毛娃的家人,保守落后的公婆不让她进门。石毛娃忙替媳妇辩解:"是我叫她唱的",才算没事。第二年夫妻二人又去浪莲花山,"穷尕妹"的名气更大了。但是石毛娃却被病魔夺去了年轻的生命。还不满17岁的"穷尕妹"守了寡。熬过百日,父亲做主,将她嫁给了临潭县冶力关小沟的李福寿。李福寿大她12岁,性情暴躁,好吃懒做,"五毒"俱全,还不准她朝山。穷尕妹如坐监牢,度日如年。一次,地方军阀鲁大昌手下的团长李启发在冶力关泉滩摆下场子,听说穷尕妹是个花把式,派人来请,说定赏大洋10元。李福寿见钱眼红,才陪着穷尕妹来到泉滩。"穷尕妹"只唱了一首花儿:"针插腰里寻针呢,好花连唱七声呢,给大人送个人情呢",就乐得那些家伙眉开眼笑,抓耳挠腮。她又和同伴们巧妙地编了十二属相来讽刺那伙人:"杆两根的一根杆,猪没心眼不周全,遇上屠家遭一难。"那伙人却蒙在鼓里,得意忘形,场子结束时,破例赏了他们20块大洋。李福寿伸手去接,穷尕妹一把夺过,说:"没你的份,连手们,咱们进馆子去!"气得李福寿干瞪眼,一回家就把穷尕妹毒打了一顿。两年后,李福寿因抽大烟把家产全部败光,加上穷尕妹年年朝莲花山唱花儿,没办法,便要价100大洋,将她卖给了康乐县胭脂乡郭家麻村的郭启荣。

郭启荣年轻英俊,爱唱花儿,对穷尕妹仰慕已久:"鸡两窝的一窝鸡,你是园里冬果梨,千里路上闻着呢。"而穷尕妹更是一见倾心:"油漆油了房子了,有你有了阳世了,就和蜜蜂寻着王子了。"在郭启荣的支持下,她奠定了"一代歌魁"的基础。她高兴地唱道:"把你好比纽门系,缝在我的左襟上;晚上解开亮了系,牵者心上老不忘。"夫妻俩形影不离,每年上山场,郭启荣拉马缒镫,让穷尕妹骑在马上,一块儿朝山。"针插腰里四根针，你前头走我后头跟，好像杨宗保陪的穆桂英。"穷尕妹身段苗条，走路端庄，长得漂亮，人们夸赞她："身材好像一炷香，走路就像风摆柳。"她天生就一副金嗓子，唱花儿时运腔自如，吐词清晰，特别是稍作打扮，骑在马上，左手打着阳伞，右手轻摇彩扇，轻启朱唇唱莲花山花儿的那幅情景，真让人心醉神怡！不论是自然界的风云雷雨、花草虫鱼，或是家庭里的权把扫帚、锅碟碗筷，或是过去的历史轶闻，或村庄的打闹小事，经她一编一唱，便妙趣横生，神韵百出。有人曾用花儿赞美她："钢一两，密心钢，你和千层纸一样，揭过一张有一张，莲花山花魁你来当。"人们赋予她"一代花魁"的美称。她没上过学，但在听古今、观社火、看大戏中，不知不觉地学到了许多知识。这些知识经过她消化吸收，再融入身边的生活小事，演绎在她口上，便成了一首首精美绝伦的莲花山花儿。她和郭启荣一道走遍了莲花山地区的几十个山场歌会，成了艺冠三州六县的著名花儿歌唱家。花儿中唱道："林里长红桦着呢，莲花山叫穷尕妹压着呢，名声扬天下着呢。""大竹做了伞把了，穷尕妹一来胆大了，不来半扇扁下了。"新中国成立后，她用自己的歌喉歌颂毛主席，歌唱共产党，歌唱新生活，愤怒地控诉旧社会："莲花山上开红莲，新旧社会两重天，过去穷人唱辛酸，如今唱花心里甜。"1956年10月，她和马秀兰、蔡发红、张生彩四位唱家带着莲花山人民的深情厚谊，进了省城兰州。1957年3月，赴首都北京参加全国民族民间文艺汇报演出，曾被诬为"鄙俚野曲、低级下流"的莲花山花儿第一次登上了国家级舞台。1957年4月3日的《人民日报》刊发了《人民歌手——丁如兰》的专访和照片，从此她名气大震。记者马晓军写有《一代歌魁——"穷尕妹"》，代表广大人民对她作了热情洋溢的赞扬和高度的评价。从北京回来后，她信心百倍，积极参与花儿的创作演唱活动。在十年动乱中，"穷尕妹"也受到不公正的待遇，屡受批判，但她仍未放弃花儿的创作。1973年，郭启荣长眠地下。她无儿无女，生活没有着落，又改嫁到临洮潘家集公社新锋大队贾得祥家。1979年，花儿会又恢复了。两鬓斑白的丁如兰不甘寂寞，又拄着拐杖登上了阔别多年的莲花山。她看到莲花山花儿并没有因严霜的虐杀而枯萎，一代新人朱淑秀、浪淑琴、刺玫花、野冬梅等茁壮成长，她满布皱纹的脸上绽出了欣慰的笑容。有一群年轻的花儿唱家得知这就是当年鼎鼎大名的唱家穷尕妹时，惊喜交加地唱道："一转山的莲花山，把你名声听见人没见，见人能值几百万。"丁如兰清清嗓子，声音不减当年："斧头剁了红桦了，我像黄鹰落架了，早就不值一大（一元）了。"年轻人们回敬道："山菊花开在崖畔了，你把个个山场浪遍了，压了三州六县了！"老唱家回敬道："我人老了，来呆了，唱花跟不上时代了，不如年轻娃娃们轻快了。"年轻人们又唱道："你的才华比我高，我要拜成师傅给我教。"

1981年农历三月初六，这位饱经忧患、名震一方的一代歌魁离开了人世。消息传来，远远近近的莲花山花儿唱家好家无不惋惜叹息。

马晓军同志在他《一代歌魁——"穷尕妹"》一文中这样写道："盖棺定论，一代歌魁溘然长逝，人们各有评价。但'穷尕妹'在莲花山花儿历史上的突出地位应予肯定。她在莲花山花儿的思想内容和艺术形式的功绩是第一位的。"穷尕妹突破了时代的束缚，让妇女堂堂正

六月六朝山路上

正地走上了莲花山花儿的歌坛，为千千万万莲花山妇女争得了与男子一样的平等地位。她使莲花山花儿中的"莘花"得到了空前的发展，使莲花山花儿从单纯的求神敬佛、宣扬封建礼教、歌功颂德中彻底解放出来，唱出了许多述说男女爱情、谈论生活小事、追求自由解放的好花儿。大胆地、直截了当地抒发自己的感情，表达你亲我爱的情感，是穷尕妹花儿的最大特色。她的花儿来源于生活，来源于自己亲身的感受，朴实，自然，富有深厚的人情味。她唱花儿时从细梢末节处编串，说中有唱，唱中有说，把莲花山花儿自由活泼的格调发展到了淋漓尽致的程度。这种韵味，除非是莲花山花儿的行家里手，否则是难以体会到的！

千古华章咏洮西

康乐自古山清水秀，土地肥沃，是西进南通的战略要地。千余年中经历了中原王朝与西部少数民族部落政权的反复争夺，又因农林牧资源丰富，成为交战双方征集战马、军粮的必争之地。由于地处边塞，唐宋时期，文人墨客很少涉足此地，他们对这里的山川地势、人文风情，多是从戍边将士、地方官吏和商人那里得知，因而将这一地区概括在临洮、凤林、积石山一带，对羌人

风景秀美的胭脂川

依旧采用"胡人""胡裘""紫须"等俗称，诗作多言政事、征战和边关的荒漠凄凉。明清时期，康乐已属内地，战乱相应减少。随着交通、商贸的发展和大量移民的到来，康乐同中原地区的交流大大加强。不少文人学士和官吏为这里的秀美山川所吸引，写下了数以百计的诗作。诗风已不同于唐宋，大多是讴歌险峻山川和淳朴民风的。民国时期也有不少诗作，但作者把目光投向小桥、流水、人家，文字也由明清时期的华丽转向朴实直白，感叹多于激情。新中国成立以来，随着文化教育的发展，涌现出不少本地诗人，歌颂康乐的诗从内容到形式都发生了重大变化，字里行间浸透着对时代、家乡、生活的热爱和对理想的追求。以下依时代顺序选录部分代表作。

从军行

唐·王昌龄

（其五）

大漠风尘日色昏，红旗半卷出辕门。

前军夜战洮河北，已报生擒吐谷浑。

塞下曲

唐·王昌龄

饮马度秋水，水寒风似刀。

平沙日未没，黯黯见临洮。

昔日长城战，咸言意气高。

黄尘足今古，白骨乱蓬蒿。

子夜吴歌

唐·李白

明朝驿使发，一夜紫征袍。

素手抽针冷，那堪把剪刀。

裁缝寄远道，何日到临洮。

送白少府送兵之陇右

唐·高适

践更登龙首，远别指临洮。

为问关山事，何如州县劳。

军容随赤羽，树色引青袍。

谁断单于臂，今年太白高。

秦州杂诗

唐·杜甫

州图领同谷，驿道出流沙。

降虏兼千帐，居人有万家。

马骄珠汗落，胡舞白蹄斜。

年少临洮子，西来亦自夸。

获鬼章二十韵

宋·苏轼

青唐有遗寇，白首已穷妖。

窃据临洮郡，潜通讲渚桥。

庙谋周召虎，边帅汉班超。

坚垒千兵破，连航一炬烧。

擒奸从窟穴，奏捷上烟霄。

诡异人图像，欢娱路载谣。

干诛非一事，伐叛自先朝。

取道经陵寝，前期告庙祧。

西来闻几日，面缚见今朝。

二圣临云陛，千官溢海潮。

载囚车辘辘，失主马萧萧。

横拜如蹲犬，胡装尚衣貂。

理卿辞具服，译长舌初调。

缓死恩殊厚，求生尾屡摇。
慈仁逢太母，宽厚戴唐尧。
赤手真擒虎，和羹未赐枭。
藁街虚授首，东市偶全腰。
困兽何须杀，遗雏或可招。
威声西振夏，武节北通辽。
帝道有强弱，天时或长消。
羌情防报复，军胜忌矜骄。
慎重关西将，奇功勿再要。

饮 酒

元·马祖常

昔我七世上，养马洮河西。
六世徙天山，日日闻鼓鼙。
金世狩河表，我祖先群黎。
诗书百年泽，濡翼岂梁鹈。
吾生赖陶化，孔阶力攀跻。
敷文佐时运，烂烂应奎壁。

望临洮

明·解缙

长城只自临洮起，此去临洮又数程。
秦地山河无积石，至今花树似咸京。

莲峰第一台

明·杨行恕

（其一）

天削莲峰第一台，芙蓉四面望中开。
松围石磴盘云上，袖拂天花带雨来。

呼吸信能通帝座，肝肠顿觉洗尘埃。

孤峰耿耿惊苍鬓，极目千山首重回。

（其二）

遥空飞洒白蒙蒙，望里凭高失远峰。

浩气似藏神女观，风声疑过大夫关。

烟笼色界迷群象，水散昙花浴九龙。

窅寐已通霄汉上，却回清梦到晨钟。

赋得南山积雪
明·刘源

洮阳南去万重山，雪荫崎岖杳霭间。

白压乱松排玉笋，翠分绝顶露云环。

涧溪深积应千尺，樵径难寻只半湾。

寺少料知僧不到，林疏自是鸟声闲。

南山积雪
明·王维新

南山有高峰，东风曾不到。

雪凝三尺余，朗朗玉山照。

游莲花山
明·王维新

莲花山貌莲花似，秀骨嶙峋迥不群。

天外青山朝浴日，镜中绿林晚穿云。

孤巢鹤影凌空见，古寺鲸音隔涧闻。

几度欲行苍玉版，翠微瑶草落纷纷。

莲花山行

明·一学士（佚名）

顶端松柏结云清，石壁荆榛挂野藤。

万丈崔嵬峰岭峻，千层削险壑崖深。

苍台碧柳铺阴石，古槐高桧结大林。

林中处处听悠鸟，石磊层层见虎行。

涧底水流如泻玉，路旁落花似堆金。

山势险恶难移步，十步全无半步平。

狐狸麋鹿成双走，野兽玄猿作对吟。

红梅熟杏真堪食，野草闲花不识名。

月照丹台

明（佚名）

我从太华莲头来，未见莲花九瓣开。

黄草寂寞人烟少，空留明月照丹台。

我忆临洮好

清·吴镇

（其八）

我忆临洮好，流连古迹赊。

莲开山五瓣，珠溅水三叉。

蹀躞胭脂马，阑干苜蓿花。

永宁桥下过，鞭影蘸明霞。

（其九）

我忆临洮好，灵踪足性游。

石船藏水面，玉井泻峰头。

多雨山皆润，长丰岁不愁。

花儿饶比兴，番女亦风流。

游莲花山

清·张逢壬

千岩万壑尽苍松，翠霭丹霞又几重。

莲座应留甘露地，花瓮泻出妙高峰。

莲峰耸秀

清·赵维仁

矗矗莲峰入九霄，青苍一望见岧峣。

人缘贯索穿云出，石削芙蓉带雨摇。

俯听风雷喧白昼，高扪星汉坐清宵。

危楼杰阁来天半，好乘茅龙度玉箫。

洮水流珠

清·赵维仁

谁把玉珠万斛倾，严寒水面走盈盈。

常疑无数痴龙戏，试问几多老蚌生？

解佩有声风力劲，媚川随处月华明。

莫存合浦还珠想，独抱冰心一片清。

咏洮水流珠

清·陈钟秀

万斛明珠泻浪头，晶莹争赴水东流。

珍奇难入俗人眼，抛向洪波不敢收。

洮水流珠

清·赵廷璋

洮水含晶莹，严冬泛绿珠。

浪翻圆彩动，月照冻云浦。

消息通元妙，流行任有无。

何劳逢象罔，探取老龙须。

洮州四时调

清·喻光容

（其四）

羊裘初卸犍犏肥，的砾莹光点露衣。

百谷扬花新酿熟，小歌盈道上田归。

莲花山

民国·邓隆

（其一）

太华少华游已遍，西来又上莲花山。

蓬头道人今何在？白石碧云万古闲。

归途口号

民国·邓隆

莲花万朵出云端，瘦骨香影压客鞍。

莫怪归途频勒马，好山只在回头看。

阿姑山

民国·邓隆

白石磷磷洮水深，香花引马入秧林。

阿姑眉黛浓于染，绿鬟晓横白玉簪。

莲花山

民国·赵文清

西倾积石几千峰，不及莲花绝黛容。

休与峨眉争虚宠，愿投碧落争神工。

虎狼关

民国·赵文清

关号虎狼应有凭，漫看形势有何曾。

双峰不把山川锁，泄漏风光似武陵。

苏 城

民国·赵文清

东坡当日夸阳美，为爱山青与水清。

浅涧传街浮小鸭，绿杨村市是苏城。

鸣 鹿

民国·赵文清

鸣鹿关前事更幽，长林谡谡鸟啾啾。

遥天泼墨兴山雨，泻去人间一片愁。

苏 集

民国·赵文清

谁引清渠绕市中，板桥咫尺两家通。

莫将碧玉夸流水，恐负南山夕照红。

中 砥

民国·赵文清

中砥川中心未平，龙头山势压孤城。

行径马巴寻乡叟，子规声声夜继深。

胭 脂

民国·赵文清

马集家家是旧居，可怜百劫未成墟。

小山虽近秋波远，不着胭脂媚有余。

麻山沟

民国·赵文清

麻山野径意寻芳，绿树竹荫掩画墙。

怪道书香生此处，眼中草木亦文章。

迁洮西述怀

民国·祁魁元

故园依旧在河湄，胜地自留宅便移。

川近胭脂生女好，山多芍药种花宜。

峰岚缥缈山如画，烟树玲珑雨亦奇。

不数松岩洮水景，尽情收拾赋新诗。

笺胥灵峰

民国·祁魁元

伊虽品第冠熙州，总觉儒风莫与俦。

白石高能争陇月，黄河清不胜洮流。

后来位置居人上，少年文章老气秋。

愧我瓣香心事在，椒山祠里约君游。

马莲花

顾颉刚

榴红照眼忆乡关，已染胡尘不欲还。

五月寻芳飞乱蝶，马兰紫遍卓尼山。

八龙池

顾颉刚

八龙山上八龙池，荡漾云光上藻丝。

顾视群峦齐俯首，几留削顶照湖湄。

登金顶

石作围

碧峭翠峦耸入云，造化钟秀作神工。
龙盘虎踞甘南障，势拔积石掩众峰。
东去洮河穿海甸，西来冶木撼幽龙。
无常云雨雷乍起，疑是银河泻太空。

冶木峡

石作围

冶木回曲跃莽龙，高峰削破九天云。
骚人竞未勤推敲，妙手何曾点淡浓。
千载青松徒寂寞，万年飞泉犹怨声。
我今为你歌一阕，愿叫妖娥露笑容。

游玉皇阁

未艾

君谓玉皇九顶高，欲望蓬莱见临洮。
倘使再增三千尺，纵览五岳东海涛。

康乐行

泰来

云蒸霞蔚胭脂川，路转峰迥玉皇巅。
重岭碧绿风荷举，一峰玉立出水莲。
波涌高峡龙吟啸，歌绕长空风翩跹。
谁道花儿鄙俚曲，唱得山河换新颜。

冶木河畔

雪深

湿云疏雨润碧崖，冶木河畔春笋发。

阳伞未撑蘑菇脆，娇手紧握蕨菜芽。
深涧雉鸣空谷应，浅溪鱼跃浪推沙。
火燎兔肉带血吃，浊酒一杯情无涯。

尕浪桥

苏建华

尕浪桥横锁蛟龙，飞架东西天堑通。
南至莲峰尽朝晖，北观苍山莽千重。
桥东绿树掩楼台，桥西车驰雷声隆。
退休若许闲乘月，拄杖依卧听涛声。

景古旧城

缐五英

（其一）

水池建郡是何年，北魏遗迹志中刊。
文物只存残砖瓦，日月依旧照青山。

八 松

郑明清

先辈有识重教化，人才群出百姓家。
兴学重教尊师表，满园桃李兴中华。

☩ 别样风情话民俗 ☩

其乐融融吃"拉扎"

每年庄稼上场时，康乐莲花山区的农民都有吃"拉扎"的习俗，也叫过"拉扎节"。

拉扎节源于当地先民对"五谷神"的崇敬和感恩。清同治以前，这里藏、汉杂居，在生活习俗上相互影响，语言词汇上彼此借用。如"拉扎"本系藏语，含登高之意，祈盼生产生活蒸蒸日上，一年胜似一年。当地汉族按谐音解释，即庄稼上场拉扎了。一庄一村过节庆丰收，共同认可，约定俗成。吃"拉扎"以村为单位，从农历八月初一开始，一天过一个拉扎节，直至十月初一送寒衣为止，整整四个月。

按古老习俗，拉扎节时，从全村庄稼中挑选穗头最大、籽粒饱满的小麦、青稞束成把子，供献在"五谷神"香案上。同时杀鸡宰羊答谢神灵，户户酿青稞酒，蒸白面馒头、油花卷，去寺庙焚香点蜡，浇奠叩头，请五谷神尝鲜。

丰收节——吃拉扎

农妇们施展烹调技艺、先给祖先献上食品，浇奠一杯酒，继而每人给长辈敬一杯酒，充分体现尊老敬客的美德。然后，大家吃吃喝喝、猜拳行令，品味一年的勤劳换来的甘甜。家家笑语飞扬，户户美味飘香。不少农家还唱起庆丰收的"花儿"："牡丹越开越艳了，富民政策兑现了，好像金鸡下开金蛋了，屋里变成金殿了。""葡萄结籽一串搭，富民政策照万家，摩托彩电进农家，农村盛开富裕花。"人们载歌载舞，沉浸在幸福欢愉之中。

吃"拉扎"有个忌讳，无论怎样可口的美食佳酿，都不得吃光喝尽，以示喜庆有余。吃"拉扎"一般不固定在同一天，这是因为地域气候有差别，庄稼成熟有迟早，于是先川后山，逐村挪移。

随着人类文明的进步，物质财富的增多，拉扎节增添了新的内容，如放电影、看录像，搭台演戏，传递商品信息，交流科学种植、养殖经验，兑换良种等，逐渐推陈出新。

冬至"珍珠空心汤"

"谁把珠玑万斛倾，严冬水面走盈盈。"每当"冬至"前后，洮河漂浮起晶莹的冰珠，美不胜收。

康乐县洮河沿岸的群众，冬至有喝"珍珠空心汤"的习俗，作为吉庆团圆、预兆丰年的象征，世代相传。其做法是：用竹筛把冰珠捞出来，拌入面团中，揉搓成颗粒状，下入锅里煮。冰珠遇热消融，面蛋成空心在锅里翻滚。煮熟后捞入碗中，调进浆水（酸菜），炝上葱花，再加点辣椒丝、生姜、香料等，色味俱佳，驱寒开胃，十分惬意。

关于这种习俗的由来，有段美丽的传说。相传洮河龙王的三公主不甘龙宫寂寞，思凡下界，私奔民间，与莲花山花儿歌手王良对歌成亲，人称"花儿夫妻"。她的歌喉像百灵鸟一样，技压群芳，风靡各个花儿会场，给民间带来无穷欢乐。

龙王得知此事，恼羞成怒，敕令巡河夜叉缉拿严惩。夜叉从花儿会上找到三公主，三公主慌乱中躲入人群，夜叉从人群里撕住三公主，强拉硬扯，三公主急喊我不去！我不去！正在危难之际，从莲花山巅飘来一位仙女，足踩彩云，口唱花儿，劝慰王良夫妻不用担忧。她领王良夫妻来到九甸峡，解下裙带抛进洮河，九甸峡出现一座彩桥。仙女引二人上桥，走到正中不幸桥折，掉进洮河。顿时，水面泛起朵朵浪花，旋转下流，转瞬又变成一朵硕大的莲花，花蕊里钻出王良夫妻，凝固成高大的岩石，屹立在洮河中流。乡亲们起名"夫妻岩"。奔腾咆哮的洮河，像气急败坏的老龙王一样，一心想摧毁夫妻岩。夏天，溅起亿万水珠，蔚为壮观；隆冬，溅起的水珠结成洁白透亮的冰珠，相依相偎，滔滔不绝，象征纯真的爱情，地久天长。

冬至喝珍珠空心汤，一则怀念王良夫妻，二则卜测来年收成。民

九甸峡

间有"珍珠大，装不下，珍珠小，收成少"的说法。打捞冰珠有个规矩，只准捞三下，筛满预告有十分收成，筛浅则七分收成。正如诗人所云："光如皎月生洮水，量似积粟知丰年。"

民间社火三流派

康乐历史上为洮、岷、河三州分辖。两千多年中，外地移民和屯垦官兵相继落籍，与本地原住居民通婚，形成多民族杂居的局面，加上多种宗教共存，多种习俗沿袭，形成了各具特色的社火。社火在表演风格上分为三大流派，即三岔河社火、景古社火、葱滩秧歌。在传承地域上，三岔河社火主要在虎关、流川、附城、康丰、胭脂、苏集、上湾七个乡（镇）流传；景古社火主要在朱家山以南的五户、景古、莲麓三个乡（镇）盛行；葱滩秧歌范围较小，只限于八松乡的葱滩、烈洼、菜子沟。

民间社火起源于远古时代的祭祀活动，以后逐渐增加了庆典、娱乐等内容。社，指土地神；火，即篝火、灯火、香火。南宋范成大注："民间鼓乐，谓之社火，不可悉记，大抵以滑稽取笑。"此说简约，并未深究，大概是观街头演出时所得的印象。社火也有同伙之说，意即同宗同派内

社火表演

部人的活动。

社火队多以自然村的居民组成，人少的也有两村或多村合伙的，主要取决于人力、财力和演艺人才的多少。社火队多者三五百人，少则三五十人。社火队的头领叫"神头"，多为本村有名望、有组织能力的头面人物或行政领导。有的一年一换，大家推举。有的轮流"执政"，不容推辞。排练中还有"导演"和"教练"。每年从腊月中旬开始，村上中青年人和学生参加演练。女性根据节目需要而定，葱滩秧歌无女性参加。早期神头根据需要从各家收取"麻头"。起初就是收一股大麻，用来更新龙须、狮头，或收三五斤粮食，或收一两元钱，或者根据各家的经济现状摊派费用，也有自愿出资的。

社火一般从正月初五六开始"出马"，首场演出要送给当地寺庙，而后根据提前联系的顺序依次上门。迎接者一般要鸣炮，赠四色礼品和数量不等的礼金。每天从7点多到晚上10点多，要演出十多场。近十年，实力较强的社火队在10天的演出中可收入四五万元（含礼品），所收礼金以神佛的名义专款专用。

康乐社火始于明末清初。最初出现在汉族人口较集中的大村镇，如景古镇、辛家集、党川堡等。演出的"节目"大多是从狄道（今临洮）学到的，主要有舞龙、舞狮、武术、花灯秧歌、跑旱船以及眉户、秦腔折子戏等。清末到民国时期，战乱迭起，民不聊生，社火时起时落，无大的发展。新中国成立后全县各地的社火逐渐兴起，由于政治氛围的因

雍家社火

素，节目中"神文化"的味道减弱，反映现实生活的内容加重，程式变得无足轻重。许多地方讲究唱大戏，演"全本"，有秦腔传统戏，也有眉户现代戏。改革开放以来，全县的社火队伍发展迅速，1984年，全县社火队达到83家，百人以上的四十余家。在表演内容上除对传统节目进行加工提高、包装外，增加了现代歌舞。"行头"也全面改观，演出的场面壮观，向可观性、艺术性的方向发展。

三岔河社火　三岔河风格的社火是汉传社火主要流派，其特征是旗阵庞大，鼓乐雄浑，龙狮威严，秧歌俏丽，太平鼓有气魄，武术训练有素。每队社火有火焰旗数十面，大锣、大鼓、大钹四到六副，龙成队，狮成群，还有秧歌方队、太平鼓方队、腊花方队及杂耍，总计二百人左右。在附近村镇表演时，通常是边走边舞，鼓乐齐鸣，观众随社火流动。在小户人家演出，因场地有限，一般只进行十多分钟的龙狮表演，向主人道喜送吉祥。在机关企事业单位和寺庙都要按程序演全场。有的社火队在本村、本寺或特定地点还要演出折子戏。邻近村镇的社火队互请互送。这一流派的社火以康丰辛雍家、苏集囊古坡、马寨、胭脂寨子最具代表性。他们在州县调演中多次获奖，在临夏、和政、临洮等县市很受欢迎。

景古社火　景古风格的社火自清末以来，偏重唱大戏。从折子戏到全本戏，视演出能力而定。有的村仅三四十户人家，但能演出几本

唱秦腔

戏。不管是春节还是庙会，基本都在寺庙前的永久性戏台演出，也有临时搭建戏台的。一些群众认为唱戏有品位，社火的杂耍是凑热闹，可有可无，可多可少，不太重视。寺庙首台戏一般是送给神佛的，要演神戏，而后按商议的剧目演出，有时一天要演出三本戏。主要剧目

有《平贵还窑》《铡美案》《曹夫走雪》《苏三起解》《屠夫状元》等。20世纪50年代，一些青年学生加入社火队伍，带来新文化剧目《梁秋燕》《刘巧儿》《兄妹开荒》等。但是演大戏也有其局限性，特别是春节期间外送不方便，演出场次少，也缺少必要的热闹场面。因此，20世纪八九十年代以来，景古周围的社火也重视了舞龙、舞狮、太平鼓、秧歌队的排练，唱戏的成分有所减弱。这一流派主要在足古川、地寺坪、寺址、蛇路、下扎、下戚家、河口、丈扎拉尕、斜角滩、扎那山、秦家河、牟家沟、景古村流传。

葱滩秧歌　葱滩位于八松乡南部的太子山下。葱滩一名的由来，源于中马十九族之一葱滩族，当地住民多为葱滩族汉化群众。他们表演的节目不叫社火，叫秧歌，与和政、临夏地区的形式略同，是中原文化与当地民族文化交融的产物。葱滩秧歌由膏药灯、霸王鞭、高跷、旱船、狮子、蹿马、跑驴、表演唱、鼓乐队等组成。演职人员一百〇八将，寓意梁山英雄群体，以图吉祥。葱滩秧歌所有节目中都不用女人，扮船姑娘的，扭秧歌的，全部是男扮女装，头戴鲜花和纱巾，身穿绸缎彩装，脚蹬高跟鞋，眼戴墨镜，弯眉毛、红脸蛋、樱桃小口，扭起秧歌风摆柳，不知情者是看不出来的。葱滩秧歌在迎送形式上比其他社火多了点神文化的色彩，如迎接一方在神头的组织带领下，提前恭候在村口路旁，手捧神香，煨桑点蜡，秧歌一到，鞭炮齐鸣，下跪迎接。秧歌队进村后先要到对方神庙、石磊（羌人祭祀的地方）等处烧香祝祷，然后才到预定场地表演。它的显著特点就是："高跷女子男人扮，花枝招展腰身软，鬼子妖婆尕黑驴，妙语成珠道不完。"其余内容与别的社火大同小异。

三川碧流多水磨

不记得你的诞辰，
也不知道是谁发明，
当然、肯定是
劳动人民……

（诗《水磨》）

石山摞石山，石山口里吐白矾。
雷声隆隆不下雨，雪花飘飘不觉寒。

（水磨谜语）

苏集水磨

康乐的胭脂三川和流川河、杨家河、秦家河、倒流河、冶木河源头瀵泉喷涌，碧水长流，四季不断。自明、清到民国，河的两岸先后修建过350多座水磨。因三岔河水系流多水足故多为平轮磨。倒流河水系的76座水磨中有一半是立轮磨，虎狼关口的高家集多为双轮磨。最受推崇的是"蓝水磨"。蓝水是指源头之水，冬季不枯不冻，蓝水磨多修在离瀵泉不远的下游。

水磨主要由泻水槽、水轮、轮轴、水闸、磨盘、料斗、撬杆架、罗及罗架组成。水轮通过轴与磨盘下扇固定为一体，磨盘上扇用架杆撬悬，上下合缝预留1~2毫米，用轴芯将上下两扇磨盘穿在上下垂直空间。磨盘清一色花岗岩，合缝一面凿刻了扇形辐射状的棱槽，粮食通过中间的进料孔在磨缝中向四周移动，并被研磨成粉。石磨经过一两个月的运转就要"锻磨"，即将磨钝的棱角重新凿一下。

水磨最忙的季节是大暑至立冬前，特别是农历十月间，家家要赶在河水封冻前磨够吃一冬天的面，一盘磨昼夜不停地加工，也只能磨五六百斤。所以磨冬面时需提前排队，有时要等上十天半个月。

1949年之前，康乐有钱人家都喜欢投资建水磨，因为水磨是一次投资几代人受益。按1%打课（收取加工费），一年收入两千多斤面，这对于种地亩产量仅有200斤左右的农户来说，一年的磨课可以养五口之家。有的磨是几家合资修建的，按投资入股的多少分摊打课天数。

水磨使用的是水能，加工出来的面是纯天然无任何添加剂的面粉，如诗所说：

你的动力，无限再生。
你的部件，取之不尽。
绝对是，绿色工程……

1949年后，水磨归生产队集体所有。随着人口剧增，植被逐年减少，许多长流河成了季节河，冬季大多干涸，导致许多水磨衰落倒闭。进入20世纪70年代后，电动"钢磨"迅速普及，水磨受到冷落，无奈地退出了历史舞台。河边磨渠上的小木屋从此寂寞地屹立着。偶尔成为旅游者拍照的人文背景。

你曾走过千年历程，

如今，你终结了使命，
只留下孤独的身影。
你的功绩，不可磨灭，
你的故事，一定要讲给后人。

东乡族民间娱乐

觱觱（bìbì）　又叫咪咪，是东乡族民间常见的一种乐器。觱觱由两根五寸长，直径1厘米左右的竹管做成。四个指孔、簧管发音，五声音阶，适合演奏高亢的民间小调。传说在很久以前，有对东乡族的青年男女，男的叫赤孜，女的叫拉抚。二人虽有相爱之心，但相见的机会很少。赤孜每天来到拉抚居住的淖尔边上，吹奏觱觱来倾诉衷肠。赤孜的执着，感动了拉抚的父母，将女儿嫁给了赤孜。后来小伙子一旦有了心上人便向姑娘吹觱觱表达心声。

什鸦　又叫咪管，是将红土水泡成泥浆，做成两块鸡蛋形泥片，两头稍小，像鸦子嘴，2厘米厚，9厘米长，宽5厘米，然后将两片黏合在一起，用清油涂在物器上，使其光滑不渗水，做成内空管，底平面，两头各开一个小孔眼，吹奏时嘴对着什鸦一头孔眼，两手指按在孔眼，随指法变换演奏。吹奏出的曲调低沉、圆润、悠远中稍带忧伤。

木郎　打木郎是东乡族民间的一种儿童娱乐活动。木郎由一节长5厘米左右、直径约3厘米左右的一节木棍和一根长约1米、直径3厘米的击打木根组成。娱乐时分甲乙两队，人数不限，其规则类似棒球比赛，但不守垒。关键在一局结束时，负方要从木郎落地的地方手持木郎一气"喝闹"着跑到木郎窑（击打的地方）。有的还要背上胜方跑步

"喝闹"。通常在冬季农闲时玩耍。

抛儿 又叫抛石。抛碗（装填抛物的船形袋子）用结实的粗布或皮革做成。长5~7厘米，宽4~6厘米，抛绳长1米左右。使用时，将土块或石块填入，抡甩出去。最远可达百米以上。在双方对攻娱乐时，抛物不宜装石头，以免伤人，以小土块为宜。这个游戏玩的就是眼明手快，将对手赶跑。在放牧时用抛石块来驱赶牛羊。

回族民俗风情录

赛 马

康乐回族群众历来擅长养马、驯马，喜欢压走马。每年都有传统的赛马活动，相沿成俗。养马人具有"看马耳郭知生年，观察瞳孔明英逸，透过肉体见神骨"的技能，善于识别马的优劣。

走马是马中的佼佼者，走动起来矫健轻盈，四蹄生风，看似小跑，其实是十分迅捷的快走。走马的本领并非天赋，而是由行家选育良种，从小下苦功调驯而成。行话云："千里马要万里人跟。"足见调驯走马的艰辛程度。

家庭联产承包责任制

赛马场

实行后，康乐县的畜牧业蓬勃发展，回族群众压走马的古风日盛。除一些传统的赛马活动外，回族群众个人花钱办赛马会者屡见不鲜。骑手和好家们身穿白汗褡、青夹夹，跨上骏马，英姿飒爽，声声"花儿"伴随着马蹄声，从四面八方赶赴赛场，争相夸富比美。赛马分奔马赛和走马赛两种。奔马主要赛速度，而走马既赛速度又赛跑姿，马蹄疾而不乱，不颠不簸，直线飞驰，富有节奏感，讲究"手端杯水不溢出"。

赛场上马嘶声、铜铃声、喝彩声、欢笑声响成一片，煞是热闹。大伙为夺魁者燃放鞭炮，披红挂彩，以示祝贺。久经沙场、屡屡夺冠者，人们尊称"马鹞子"。年轻人们把他架起来欢呼取闹，沉浸在一派欢愉的气氛中。"马鹞子"更是春风满面，得意非凡。

娶亲接路

回族注重情义，遇上亲朋结婚路过家门时必须接路。桌上摆四个干果碟子，一壶茶水，一对红绸，两朵纸花。娶亲的人一到，主人致"色俩目"（宗教礼仪）祝福问好，客人下马当即拱手还礼。欢笑声中给新郎新娘披红戴花，讲几句吉祥祝福的话，然后让客人用餐，以示接风洗尘。逗留片刻后，由娶亲的主事者向东家致谢赶路。

村里的小伙们拿着柳条拦路打马，不打新娘，单打新郎和陪伴。他俩思想上早有准备，扬鞭催马，结伴同奔，飞驰而过。据说，打马意在抖尘驱邪，吉祥和顺。遇上骑术高超的新郎，策马来回奔驰，红绸飞舞，极为骠勇、英武。

吃平伙

农谚云："麦黄羊壮。"每当青稞开镰、小麦泛黄时，骟羊膘肥肉鲜，这时回族群众便开始吃"平伙"。平伙即公平合伙之意。他们选择对牙骟羊，特别是奶骟羊，有骨细、肉嫩、无膻味的优点，由阿訇屠宰，选高手烹调。

品尝"筷子"是吃平伙的前奏。将内脏剁碎，掺点花油，拌上五香粉、味精、葱花之类，塞进大肠，投锅煮熟，熟后漂浮水面，故称"筏子"。浇上腥汤，撒撮香菜，每人一碗，色味俱佳，令人食欲大振。

平伙吃法有两种，一种是将生肉按人头打成股，用麻绳扎紧，煮熟后每人一串，叫"串股"，汤汁香郁，营养丰富，故有"吃肉不如喝腥汤"之说；一种是将羊腔子囫囵下锅，加好佐料，煮熟后打成股子。羊有12个部位，每个部位无论多少都必须分到，共同分享，名曰"吃全羊"。在打股时要多打一份，叫"锅台份子"，即慰劳东家主妇的，不收钱，羊头羊蹄也归东家。

吃平伙的人不一定都是关系好的，有时还特意邀请两个关系不和的人参加。大伙一块吃肉、啃骨头、喝盖碗茶，谈笑风生。平日犯过口舌、红过脸的，席间由年长者提出讲和，大伙帮言打圆场，几句话讲得双方舒心地一笑，起身互致"麻来"，积怨烟消云散。

鹰猎

农谚云："看了鹰抓兔，庄稼买卖没心做。"足见那雄鹰捕捉野兔的惊险场景。康乐回族群众嗜好捕鹰、驯鹰、放鹰，风情浓郁，世代相传。

捕鹰　一只雄鹰悠闲地在天空翱翔，能捉住吗？鹰把式们蛮有把握地回答：能！凡飞禽都有它的习性，摸准了，哪怕多么狡猾也很难逃脱猎人设的圈套。

鹰有兔鹰、鸡鹰之别。生活在崇山峻岭的鹰，腿粗膀坚，体大凶猛，具有蛇头、熊爪、肩宽、翅厚的特点，善于捕兔，叫兔鹰；生活在丘陵地带的鹰，体小力单，轻捷机敏，善于捕雉，叫鸡鹰。兔鹰不落低山，鸡鹰不就险峰。

捕鹰一般都在秋天。鹰十分珍惜羽毛，怕黄叶落身，所以不去树上栖息。它们饱餐后喜欢蹲在山冈秃树桩上，闭目晒嗉。捕鹰人选好地形，栽上鹰架，酷似枯树权桩。鹰一着架，"吧嗒"一声响，鹰爪子被套进活扣绳索里，倒悬高挂，翅膀扑打，啾溜溜啾溜溜地号叫。被猎人捉住后，它们怒目仇视，疯狂挣扎，利爪撕挖，钩嘴啄咬，一刻也不安静。

驯鹰 不管什么样的鹰，只要到鹰把式手里，不出十天就收放自若。鹰把式们从实践中总结出架、熬、喂、跳、破"五字"真经。他们把鹰白天黑夜地架在胳膊上，让鹰尽快适应突变了的环境。白天到人多处转悠，夜晚在篝火旁熬夜。野禽最怕人怕火，鹰把式偏在人多处、大火旁熬练，稍一眨眼，就在其背上轻敲一下，夜以继日地打疲劳战，让其野性收敛，忘记深山老林，忘记海阔天空。

"胖不抓，瘦不攫。"新捕的鹰一般有赘肉，为把鹰调驯得精瘦有力，能追善捕，鹰把式将杂毛掺进牛肉，鹰吃后不断呕吐，达到清除脂肪的效果，变得轻捷矫健。再禁食二日，使之胃空肚饥，这时训练"跳架"。鹰把式一手架鹰，一手拿块鲜肉，相距一米，鹰饥饿难耐，见肉展翅扑食，呼一下跳到拿肉的臂上，反复多次。能跳架说明鹰与主人已建立起一定的感情。跳架行话叫"明拳"。继而训练"背拳"，即中间隔堵墙，主人隔墙"唧唧"地呼叫，鹰闻声越墙飞落臂上，"背拳"成功。这时找来一大一小两个兔头，由另一人晃荡诱食，使鹰望而扑食，频频跳架。鹰天赋机灵，若舍大扑小，主人脸一沉，二次定会弃小扑大。再喂些兔肉充饥，以示奖励，鹰会专捕大兔。俗话说"鸡狗食安顿"，鹰在饥饿时能吃到鲜肉，自然会对主人产生好感，逐渐驯服眷恋。此时，再接再厉，继续熬练，加以棍棒乱舞，呐喊喧嚣。经这么训练的鹰，能在任何情况下心静胆壮，乱而不惊，能适应各种环境。

七日后，鹰对环境初步适应，听从主人呼唤，顺从主人意愿，这时开始"破鹰"。驯是基础，破是关键，熬练不好，不是见兔不抓，就是"扬拳"而去，一番苦心付之东流。

破鹰时选好开阔地

鹰市

形，由二人打草，切忌惊起双兔不放鹰，惊起老兔不放鹰，惊起当年兔子立即撒手。鹰扑过去抓住兔子，主人割一吊兔肉予以奖励。万一扑空也不要紧，采用"死兔活捉法"弥补。方法是将只死兔拴上绳子，由人藏在灌木丛中抽拉，鹰扑去捉住，解开后喂点兔肉，从头到尾轻轻抚摸。破鹰成功后尽管去放。鹰本性贪婪，有多少捕多少，需主人掌握，一天捕七八只为宜。捕完最后一只，让鹰放开肚皮饱餐一顿，叫"蹲大食"。禁食三天后再放，"鹰饱不抓兔"讲的就是这个道理。

犟鹰 马有烈马，鹰有犟鹰。犟鹰虽有犟劲，但却有出奇的本领。每当发现猎物，不具备十拿九稳的条件，是不会轻易拼命的。因为这种鹰自尊心很强，一旦扑空有伤尊严，无脸见主人，展翅归山。

鹰的秉性是舍命不舍山，哪山的鹰常在哪山盘旋。惊弓之鹰十分狡猾，每当落地前总左盘右旋，仔细观察分辨，生怕受骗误落鹰架。猎人煞费心机，把鹰架安装在缺枝少叶的枯树上，伪装得酷似权桩。鹰没料到又会失足被捉，犟鹰佩服主人智高谋深，倍加效忠，不再飞走。

狩猎过程中，最精彩、最惊险的场面，莫过于雄鹰遇上狡兔，出战猎物的那一瞬间。武朝山下有个鹰愁湾，那里的狡兔奋起反抗，对鹰挖嗉、掰裆、折腰，葬送了不少雄鹰的性命。放鹰人视为禁区，望而生畏。祖传鹰把式马虎三也曾为之损折了二鹰，耿耿于怀。后来，他花大功夫驯养了一只犟鹰，怀着报仇雪耻的心情闯入鹰愁湾，驾着犟鹰站在制高点巡视。突然，红柳丛中惊起两只狡兔，慌而不乱地并头奔驰，跃入凹地，翻个滚，八蹄朝天，共同迎敌。鹰遇洼地无法施展解数，升高后又压低盘旋，似乎既在威慑狡兔，又在琢磨战术。突然，只见它陡然扶摇直上，然后凌空直下，距地5米时来个鹞子翻身，将一只狡兔从后胯挖起抛出老远，趁兔子惊魂未定猛扑到兔身上，钩嘴左右两啄，兔子双眼被剜瞎。另一只兔子瘫在凹地，犟鹰如法炮制，各个击破。两只狡兔鲜血直流，瞎着眼胡奔乱撞，猎人飞奔赶到，抽刀宰杀，破腹取出心肝喂给犟鹰，鹰吞进肚里，打个毛颤，尾翼上的铜铃叮当作响，是那样的清脆悦耳。次日，马虎三在猎杆上特意挑着鹰愁湾的狡兔皮，专程去集市夸鹰。鹯鹰披一身绚丽的羽毛，像身经百战的勇士，精神抖擞，昂首环顾。人们赞叹不绝，马虎三心里甜滋滋的。

到了隆冬，狩猎结束，猎人们将鹰喂饱，放归大自然，使其永续繁衍。

顾颉刚康乐印象

顾颉刚（1893—1980年），原名诵坤，字铭坚，江苏苏州人。1902年北京大学文科中国哲学门毕业，历任厦门、中山、燕京、北京、云南、齐鲁、中央、复旦等大学教授，中国科学院历史研究所研究员，第二届、第三届全国政协委员。一生著述颇丰，是我国近代杰出的历史学家、地理学家，也是著名的民俗学家和红学研究专家。1937年9月至1938年9月，他受管理中英庚款董事会的委托，到青海、甘肃考察教育，历经19县市，对各地教育事业、民族情况、民情风俗等考察甚详。

顾颉刚于1938年2月28日来康乐，听取了康乐教育现状的介绍后，用6天时间实地考察了八松、苏集、胭脂、康丰等乡村和学校。他对康乐的风土民情更感兴趣，在考察日记中写到"与同人循胭脂川行，入林中，席地坐溪边，听

顾颉刚

黄鸟歌。康乐多流泉，丛丛灌木，不植自生，春烟荡漾，酷似江南……"对苏集的印象是："市街中泉流荡荡，至足爱玩……此地居民，回六而汉四。回民彬彬有礼貌，见我辈至，街上小贩皆恭敬站立，此等人有信仰，无嗜好，身体强健，团结坚固，如克加以适当教育，实足为复兴中华民族之中坚分子。市上但售羊肉，所进羹皆羊也。煮之不烂，余牙痛犹未止，竟不容大嚼，可惜之甚，又进羊油所炒之饭，加糖，亦平生所未尝也。苏家集者，原为苏土司治所，其所居在山巅，孤城高而特小，想见古代番邦规模。"

"三日，更西行，十一时到八松。八松者，番语八为帐房，松则三，谓此地有三帐房耳。胥灵峰先生居于是，先生年六十余，平生以办此学职志，八松小学是其首创，往参观，颇齐整。先生淡泊如渊明，出纸嘱书，赠一联曰"先生自合称五柳，嘉绩长流在八松。"胥灵峰"出其所辑之亡友《祁魁元梅仙诗》，遗命为序，列知其笃于友谊为可风"。

"五日，康乐开教育设计委员会，予等均列席，应穆夫提教主马子龄教主来邀，下午三时至其家。穆夫提者，阿拉伯语：义为总教主，其宗教地位世袭而弗替，其家室毁于十八年之乱，今重建，乃巍峨如王侯第宅，闻较诸旧时门户已减多矣。兵祸之际，挟家藏《世系图》及《圣地图》二轴以出，至今无恙，举以相示。《圣地图》绘麦加地形，《世系图》则记圣以来穆夫提传世次第，每代人物悉著其年岁，有一代历四百年者，是一极有价值之史料也。子龄名延寿，其弟子谦名益寿，并俊雅。年来回教人士颇有觉悟，自办学校诵习汉文，子龄且以汉文翻释成后即诵汉文经典之拟议，回汉感情并臻融洽，地方公务达到合作地步，可喜也。"

三月六日，顾颉刚先生参加了康乐教育界在党部为他举行的公宴招待会，为在场者书写了大量墨宝，给陪同的张涟先生题词："旧学商量加邃密，新知培养转深沉。"他苦心调研的《补助西北教育设计报告书》，并未得到民国政府的重视，只到五十多年后才得以实现。

关北村制香工艺

据《甘肃古代史》（兰州大学出版社，1989年）载：乾隆时修纂的《狄道通志·货属门类》里，列有"香"的名目，就是指"洮香"。"洮香"是以柏木、奈皮、檀木等为原料，加上山奈、白芷等药材，磨成粉末而加工出来的。按照形状的不同，它分为线香、盘香和贡香等。其中线香与盘香，质量特优。线香细长，盘香多制成圆形、寿字形或万字形等式样。洮香本属宗教用品，但是它的原料内含有药材，燃烧起来气味芬芳馥郁，具有清神避疫、灭蝇驱蚊的功效，所以在实际生活中并不被列为宗教用品。清初，"洮香"曾驰名一时，行销全国。"关北的香，西坪的蒜，窑头的瓦盆拌不烂。"这句俗话中所说的"关北的香"即指此。关北村的香产业已有数百年历史。明清以来，有三百多个家庭制香作坊，代代相传，香产品主要是宗教活动使用的贡香，另有药香、柴香、把子香等香产品，远销四川、陕西、西藏、青海及本省的天水、陇南、甘南等地。

制香原料——榆皮

所谓"洮香"，是指临洮生产的神香。1929年之前，康乐属临洮县西乡，而做香的关北几个自然村距临洮县城仅十多里，最初一些人进城在香坊打小工，叫擀香。他们学了手艺后便在自己家里开作坊，由于家庭作坊场地宽，仓储多，全

晒香

家齐动手，就地收原料（榆皮、檀木、柏木、梨木），大大降低了成本，许多成品经销商便到关北农户作坊收购订货。因条件有限，那时的香基本未包装，也没有自己的牌子，经销商到了销售地才分装贴牌，冠以"洮香"之名。

关北村位于三岔河北岸二台地，人多地少，制香是农户主要的经济来源。1949年到1978年期间，由于反封建迷信的大气候和有关政策的制约，关北制香只能偷偷做。改革开放后，许多人又重操旧业，并成立香业协会，为制香散户提供信息、技术和销售服务。同时，随着科技的进步，制香的工艺流程、工具设备、配料香型、质量包装都有了大幅度的改进和提高。制香收入也成倍增加，户均年收入在2万元以上。重点示范户2012年制香收入达到5~6万元，2009年县文体局将关北手工制香工艺列为县级非物质文化遗产。

榆皮无罪上祭坛，

神鬼缘何爱熏烟？

红尘纠结难悟透，

长香一炷保平安。

回族婚俗"哈来目"

"哈来目"词源来自阿拉伯语"哈路漫",词义为"来吧,快来吧!"意思是闹洞房。"哈来目"是广泛流传于西北回族婚庆中的一种民俗。在婚礼上,由一人即兴领唱,众声随和,称作"贺哈来目"。唱词内容丰富,曲调悠扬、优美,是人们情感生活的真实写照。

康乐回族把婚事称为"婚缘",把婚宴叫"吃筵席"。把闹洞房叫"贺哈来目",而学者们则把"贺哈来目"称作筵席曲。

贺哈来目有显明的地方特点和民俗特点。贺哈来目一般由善于编串唱词的能手按照气氛、人物特点巧妙地编串出各具特点、恰如其分的贺词来。康乐哈来目的演唱风格与其他地方不同,没有哈来目后的舞蹈表演,而是在贺哈来目过程中伴随最原始、最粗犷带有嬉闹性质的戏耍动作贺词既有传统曲调,又有即兴段子,形式上有两段一喊式、三段一喊式和四段一喊式。哈来目按婚礼进展,大体上分为四步曲:有新媳妇进门曲、戏耍公婆曲、闹洞房曲和贺喜曲。同时伴有

回族妇女

压、摇、蹴、掐四个动作。唱法上先由一人领唱，再由众人合唱。贺词朗朗上口，很有气势和节奏感，此起彼伏，十分热闹，增加了婚礼的喜庆气氛。

当新郎披红挂花，把新娘迎到家门口时，"哈来目"贺道：

> 恭喜呀! 恭喜的大恭喜呀!
> 亲戚嘛鹿姑（统称亲朋）的盼筵席，
> 一家有喜是大家的喜，
> 嗷哈来目嗨咋嗷!
> 人夸亲戚刀夸鞘，
> 孔雀夸的是五色毛，
> 媒人夸的是你两家儿的缘分好，
> 嗷哈来目嗨咋嗷!
> 上山跑马者路不平，
> 平川跑马者雾沉沉。
> 新女婿骑马身挂红，
> 新媳妇后头坐车中。
> 嗷哈来目嗨咋嗷!

公婆迎亲

到晚上，华灯初上，是新婚人家最热闹的时候。此时的场面就是戏耍公婆、戏耍叔伯婶母、掐新媳妇。

人们簇拥着哈来目头儿，高声贺着哈来目走进了东家的庭院：

> 恭喜恭喜大恭喜，
> 一家有喜大家的喜，
> 贺个哈来目者恭个喜，
> 嗷哈来目嗨咋嗷！

闹筵席者入东家庭院后，就着手"打扮"公婆、戏耍公婆，之后对叔伯婶母等戏耍。耍公婆一场算是最热闹的场面。给公婆脸上抹锅墨或者抹鞋油，叫打花脸。头上戴无顶烂草帽或者用柳枝扎的圈圈帽，在鼻梁上架上眼镜框，耳朵上挂上红辣椒做耳环，脖子上挂上洋芋蛋或者玉米棒子做铃铛，再给公公戴上麻做的胡须，看起来非常滑稽。最后分别给公公、婆婆腰上系上红腰带，让贺哈来目的人牵住腰带，边摇晃边贺一段哈来目后，对公公、叔伯及男性娶亲者如打夯般高高举起，再突然撤下，叫蹾。对婆婆等女性，在贺一段哈来目后，众人牵住腰带前后左右快速牵动几次，叫摇。经过多次蹾、摇的戏耍，使公婆气喘吁吁、汗流浃背。看热闹的人通过贺哈来目向东家索要红枣、核桃、喜糖后方告一段落，然后将伯伯、伯母及家族中的其他成员蹾、摇，换人的过程叫赎。下面是一些隆重场面的贺词：

> 赞媒人：
>> 没有云彩下不哈雨，
>> 没有媒人成不哈亲。
>> 嗷哈来目嗨咋嗷！
>> 高山上点灯湾里明，
>> 大海里栽花根又深。
>> 天上无云不下雨，

地下无媒不成亲；

嗷哈来目嗨咋嗷！

赞新婚夫妇：

恭喜恭喜大恭喜，

东家交了好运气。

女婿娃干散新媳妇俊，

杨宗保配了个穆桂英。

赞婆婆：

把新媳妇不掐者婆婆哈拉，

家里的婆婆会当家，

嗷哈来目嗨咋嗷！

家里的婆婆会当家，

寻下的媳妇顶呱呱，

嗷哈来目嗨咋嗷！

哈来目不是空喊的，

要下个核桃者要枣哩，

嗷哈来目嗨咋嗷！

在庭院戏耍之后，转入闹新房掐新媳妇。由女客、小姑子等"保护"新媳妇。年轻人在贺哈来目后，冲上炕去用手掐新媳妇。

首先在哈来目声中，众人簇拥并用腰带牵引公公等男性，分别在新媳妇炕沿强迫给新媳妇磕头。磕头时长辈故作不从，众人用手压着头强制性地磕头，由此有"筵席三天无大小"之说。

两把扫帚扎一把，

两家做亲成一家，

嗷哈来目嗨咋嗷！

两把扫帚扎一把，

娶下的媳妇是牡丹花，

噢哈来目嗨咋噢!

两把扫帚扎一把,

两个花枕头摞一搭,

噢哈来日嗨咋噢!

　　来人一直闹到深夜,余兴未尽,最后东家用饭菜招待贺"哈来目"的人。然后贺道别的哈来目,整个闹筵席的热闹场面才逐渐结束。有些人家连闹三天,才肯罢休。

　　风趣幽默的回族婚俗哈来目,语言文明健康,内容富于想象,曲调优美流畅,边歌边耍,动作洒脱大方。哈来目生动地反映了回族的民风民俗和传统文化。它是珍贵的非物质文化遗产,也是研究回族民族史、风俗习惯、语言文学和音乐史的一份珍贵的原始资料。

山里人家

功在山川德在秋

辛氏一门多重臣

西汉初，汉武帝为巩固中央集权，打击地方豪强，将关中和东南豪族迁至西北诸地。辛蒲原系中山豪族，西迁于陇西狄道马啣山，后一支又迁居狄道洮西，即今康乐县辛家集。自汉至清，辛氏一族人才济济，名臣辈出，先后有四十多人在朝中官居显位。下面简要介绍其中四位：

辛武贤 陇西狄道人。西汉宣帝神爵年间，任酒泉太守。当时，先零羌酋长杨玉率众反叛，赵充国来到金城后，打算率兵在当地长期屯田，等待杨玉部队松懈时进攻。辛武贤向汉宣帝上书说："酒泉郡驻兵在南山防守，北面空虚，这种形势不可长期维持下去，应该从酒泉、张掖分路出兵，在鲜水边上会合攻击。"宣帝把他的奏章分发给大臣们，并任命武贤为破羌将军。从此，破羌将军屡建战功，威名远扬。

辛庆忌 字子真，辛武贤之子。年轻时就被任命为右校丞，跟随长罗侯常惠在西域屯田。因破敌有功，常惠将其功上报朝廷，被提升为侍郎，后又擢升为校尉，率军驻守在焉耆国。后被调入京城，任命为主管接待外使的谒者。汉元帝初年，任其为金城郡长史，并推荐为郎中。后来调任校尉，提升为张掖太守，又改任酒泉太守。他为官期间政绩显著，声誉很好。汉成帝初年被朝廷任命为光禄大夫，后又调任左曹中郎将，提升为执金吾。后来，因他的儿子杀了赵氏族人，降调酒泉太守。过了一年多，大将军王凤向朝廷举荐庆忌，说他品质优良，行为端正，仁爱而有勇力，深得人心，又精通军事，明于韬略，军中都很敬服他，边疆各民族也很拥戴。于是，朝廷召其为光禄大夫、执金吾等重要官职。过了几年，庆忌因犯小过降职为云中太守，接着又被征召为光禄勋。当时国家遭受天灾人祸，丞相司直何武向皇帝上书说："辛庆忌力行仁义，很注意自己的德行，处事刚柔得当，为人朴实宽厚有谋略，以前在边郡任太守，屡败敌军，威名大振。敌人闻风丧胆，应当担任军中官职。"于是，庆忌被提升为右将军、诸吏散骑给事中。一年后又调任左将军。辛庆忌平时生活俭朴，只有一个爱好，就是驾车骑马。一直到年老逝世，人们都很敬重他。

辛子馥　字元颖，学问高深，德行出众，当过平原相，东魏天平年间被任为太尉府司马。当时长白山与齐瑕丘相连的地方，是几个州的边界地带，难以管理，盗贼横行。子馥受命去那里巡查管理。当地各州的地方豪强都在大山深处大铸假币，打造兵器，不法之徒依附的很多。子馥请求朝廷严加治理。朝廷派兵一举捣毁了他们的巢穴，收缴了假币兵器，惩处了地方豪强。辛子馥卒于清河太守任上。

辛公义　祖父在北魏时做过徐州刺史，父亲辛季庆做过青州刺史。公义早年丧父，由母亲抚养成人，教育读书。北周天和年间为太学生，因其勤奋苦学而名著一时。武帝时进入露门学读书学习，常与御前令和大儒们一起讲论，授为宣纳中士，跟随军队平定齐国，升为

辛氏故里——辛家集

掌治上士。隋开皇元年（581年），任主客侍郎，转任驾部侍郎。开皇七年（587年）从军平定陈国，因功绩显著，任为岷州刺史。当时，岷州一带多发疾病，形成了一种不良乡俗，哪家有病人，父子、夫妻不相看养，致使病情延误。公义看在眼里，急在心上，派人到处查访，哪家有病人，立即接到厅衙安顿床铺，找人医治。夏天是病疫多发季节，病人有好几百，厅中廊下都住满了。公义在大厅病人堆中独设一床，与病人同吃同睡，早晚料理，对病人嘘寒问暖，劝病人吃药喝汤，所得俸禄都用来替病人抓药看病。此事一传出，病人家属相互议论，都觉得很惭愧，争到公义厅衙致谢，把病人领回家中看养，关爱有加。从此之后，岷州恶习逐渐改变，公义的名气也越来越大。后来公义调任牟州刺史，一到任，他先不去公衙，而是直接到狱中查看，亲自询问案情。对于搁置的旧案，他深入调查，快速决断，为人犯洗冤论罪。对于发生的新案件，他争取当日断清，否则就夜宿公衙，彻夜不眠。他对人说："刺史无德，如何能教导人，人犯在狱中，案子久拖不决，当刺史的心中怎能安宁呢？"狱中罪人听了这些话，感激而敬服。由于辛公义为官清正，公而忘私，牟州人都很敬仰他，一时间诉讼案件大为减少，地方出现升平景象。

武穆后人多骁将

岳公墓位于党川古道的谭家村后山根，墓地方园不足五十步，因杏树成林，新中国成立之初曾被辟为杏花园。墓冢东侧有一条长约半里、宽丈余的凹道，名曰"车道巷"，即"神道"。墓中"岳公"系南宋爱国名将岳飞第十七代孙岳仲武、第十八代孙岳文魁，而车道巷则是当年岳氏后人为扫墓祭祖而开的专用车道。康熙、乾隆时，岳氏族人每隔三年便乘二三十辆马拉轿车前来谭家村祖墓祭扫一次。岳氏后人多将领，为经略近疆、保家卫国做出了巨大贡献，如岳仲武、岳文魁、岳镇邦、岳升龙、岳钟琪等。

岳飞第十七代孙岳仲武，官封荣禄大夫，明万历时迁至兰州，落籍狄道当川堡（今康乐流川）。

清顺治年间，驻防河西的清军将领米剌印、丁国栋拥明故延长王朱识锛起事反清，河湟和陇右地区陷入战乱，大批难民流离失所。明固原镇督标都司岳文魁之子岳镇邦，自幼熟读经书兵典，英武骁勇，豁达仗义，时常周济乡邻，深受众人拥戴。反清军占领河州、狄道后，党川陷入战乱。为护乡保民，他毅然变卖家产，招收义勇，训练家丁，组织民团，协助清军围剿米剌印，活捉叛军将领左五三，屡建战功。清顺治十二年（1655年），岳镇邦率家族乡勇，随清军讨平叛军刁尔吉。康熙十四年（1675年），经靖逆侯张勇举荐，升任抚标中军，收复被反清军占领的临洮、洛门、巩昌行营。因战功卓著，迁升洮岷副将。康熙十八年（1679年）转任绍兴副将。后移居庄浪卫（今永登）且卒于该地，葬于县北奖俊埠岭下大川沟。

岳升龙，镇邦长子，少时随父征战，有勇有谋。他从军时授永泰营千总。康熙十四年（1675年）随西宁总兵王进宝克兰州，升庄浪卫守备。康熙十五年（1676年），吴三桂反叛后，升龙随奋威将军王进宝收复临洮。他胸襟豁达，宽厚仁慈。在克复临洮的作战中俘获大批叛军士卒及所掠人口，他

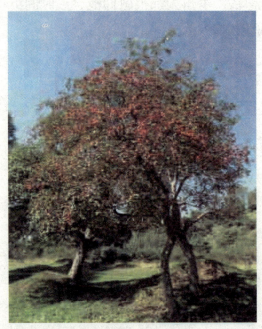

岳公墓

恳请主帅善待降卒，释放了许多无辜百姓。在剿灭叛军的战役中，清军游击许进忠暗通叛军，出卖军机。岳升龙密访得实，将其斩首，升游击参将。康熙二十九年（1690年），噶尔丹拒服清廷，举兵南犯，升龙随康熙帝北征，在征讨噶尔丹之战中屡建奇功，为康熙所赏识。康熙四十年（1701年）因功升四川提督，率部平定了建昌、凉山等地的部族叛乱，招降十万户，威镇巴蜀。

　　岳钟琪，升龙子，字东美，号容斋。自幼好武，以石布阵。"及就傅，一目十行，十余岁博涉群籍，经史之外，谈剑论兵，旁及天文地理、风角占验，靡不精肄。"入川后，由需此同知改授松潘镇游击，康熙四十九年（1710年）升永宁副将。康熙五十九年（1720年），随川军副护军统领噶尔弼出打箭炉，而后随皇子允禵出征西藏，任先锋。钟琪胆略过人，领亲兵六百名，先行开路，打通入藏关隘险要，计擒叛首兰占巴。随后用筏渡河，钟琪进入藏区腹地，联络当地土司公布，招募藏兵七千余人，开进拉萨，平定了叛乱。拉萨僧俗顶礼膜拜，感激不尽。钟琪升任左督都、四川提督。清雍正元年（1723年），青海罗卜藏丹津叛乱，时为四川提督的岳钟琪任奋武将军，参赞军务，奉旨与年羹尧从四川发兵，沿途进剿。岳钟琪审时度势，主动出击，以一万五千人大破十万叛军，直捣罗卜藏丹津穴巢，遣散其党羽，焚烧其部众十七寨、庐舍七千余，歼灭叛军六千余人。后深入青海西南部追剿残部，叛匪余众四散潜逃，罗布藏丹津率随从逃往新疆。此次征讨，平息青海千余里骚乱。岳钟琪因作战有功，深得雍正帝的信任，遂把西征事专任岳钟琪。后准噶尔部勾结沙俄搞分裂，朝廷拜钟琪为宁远大将军，前往讨平，驻防巴里坤。一度因讼被去职。乾隆即位后，又复任

岳飞

四川提督，招降平定两金川，加封太子少保、兵部尚书，封威信公。清乾隆十九年（1754年）卒于资州，谥襄勤，著有《兰园》《蛩今》等文集。

钟琪一生驰骋疆场，"沉毅多智略，御士卒严，而与同甘苦，人乐为用"，为清初奠定多民族统一国家立下不朽功勋，乾隆称其为"三朝武臣巨擘"。

护法义士边永福

边永福（？—1917年），字昆山，汉族，康乐虎狼关马莲滩人。1912年在新疆参加民主革命，任马步军统领。返乡后，与赵学普（边永福的外甥）、蔡大愚等筹划护法起义。1917年8月，孙中山在广州成立护法政府，就任海陆军大元帅，孙中山委任赵学普为甘肃革命军总参议。师世昌代表甘肃进步人士到达广州，向孙中山转达甘肃人民痛恨北洋军阀的暴政和迫切要求革命的愿望，孙中山非常高兴，除勖勉外，还发给密电本和路费，并答应在必要时支援经费和枪械。师世昌返甘肃后，传达机宜，由蔡大愚（回族，四川

边永福故里——马莲滩

人，民国初年的国民党党员，北京国民党总部特派员，甘肃省立法政专门学校校长）、赵学普、边永福、师世昌、郑锦麟、秦锺岳、杨灿、边镇清、杨希尧（青海循化人）、焦桐琴（青海乐都人，新建右军驻狄道东校场，统领吴桐仁部五营营长）及回族军人马廷勷等十二人，在兰州法政学校设总部，并在兰州官陛巷开设"二阳公寓"做联络点，多次召开会议，决定联合甘肃民主革命力量，与北洋军阀的代理人张广建展开斗争。于是，马廷勷赴河州组织循化撒拉族武装力量。赵学普回狄道与郑锦麟、焦桐琴、胡登云等人筹划捐款，在城内台子寺开设酒馆，联络焦桐琴等，在省法政学校开会决定：以狄道为据点组成甘肃护法军，由焦桐琴率领狄道东校场士兵于十一月初九（冬至节）起义；由马廷勷指挥循化撒拉军于冬至抵达狄道，扼守洮河沿岸；由杨希尧赴循化隆务寺发动藏族武装，响应起义，以分散军阀兵力。狄道城内由秦峻峰、杨灿、边镇清等负责维护秩序，由赵学普、边永福联络地方群众力量；临洮起义后，由焦桐琴率部队进攻兰州，逐走甘肃省长兼督军张广建，通电全国，并报广州，以响应孙中山大元帅北伐。

会后，师世昌再去广州，赵学普即回狄道，敦促其舅边永福搜集旧部做援助，并奔走于狄道、河州之间，从事联络工作。不料在冬至节前，焦部班长尹德志和洪发祥酒后失言，泄露机密，被人告密于统领，吴桐仁即下令收回各营子弹。焦桐琴急告赵学普，赵赶赴河州，从马廷勷处取来子弹500发，交焦桐琴发给部下。吴桐仁加紧防备，除派亲兵四路防守外，又派士兵把守洮河浮桥，断绝交通。时蔡大愚

解放大军挺进康乐

135

已由河州大河家到达狄道西二十铺。十一月初八晚上，蔡大愚、赵学普、边永福等会晤，决定起义若成功，城内张灯结彩，迎蔡进城，主持大计。当夜，赵学普、边永福带护卫进城联系，行至洮河浮桥附近时，与吴桐仁部士兵相遇并开战，赵、边甥舅寡不敌众，壮烈牺牲。

临洮起义前夕，师世昌又至广州觐见孙中山，汇报甘肃情况。孙中山委任边永福为甘肃护法第一师师长，赵学普为总参议。不久，师世昌在粤得悉起义失败，当即呈报孙中山。孙中山深嘉赵、边为革命献身的义勇精神，手书"为国捐躯"白绫挽幛一幅，发给抚恤金5000块，令师世昌回甘肃后，刻石建坊，以慰忠魂。

"甘棠遗爱"牛载坤

牛载坤

牛载坤（1886—1934年），字厚泽，康乐八松人。少时家贫，靠父亲务农、制粉条、贩灰盐维持生活。载坤于光绪二十九年（1903年）中秀才，后考入甘肃省高等学堂，学习成绩优异。期间，校方以邓隆母丧，牛氏未去奔丧、有违"礼法"为由而除名。载坤无颜回家，遂去新疆寻兄谋生，被介绍在迪化任小学教师，旋被新疆巡抚保送入京师军咨学堂测绘班学习。其间，载坤受新思潮影响，向往民主，购手枪一支，欲响应孙中山革命，推翻清朝。但因结业在即，经友人劝阻，转而致力于

"教育救国""实业救国"。毕业后赴东南地区考察教育，途经上海时，与商务印书馆接洽，采办图书。返回兰州后，创办"正本书社"，销售商务印书馆出版的课本教材及一般文化用品、图书、器材等，自此，甘肃学校始有统一教材。正本书社经营《新青年》等进步刊物，以大力传播新思潮为己任。

民国二年（1913年）秋，载坤返回故里，筹募资金。次年，联合胥应魁、苏效汤等人在八松创办"树风学校"，请张謇先生书写校训。张以南通师范校训"坚苦自力，忠实不欺"为树风学校校训。同时，在学校周围荒山植树造林，以薪炭收入资助教学经费。载坤奔波于省内外，延请教师，采办教材、图书、仪器、用品等。随后，又以树风学校为中心，在周围村庄办起初小11所；联络热心教育和公益事业的知名人士组成"劝学所"，开展劝学活动，在胭脂三川建起"风化初小"13所。载坤任甘肃省教育会会长后，建议省政府核准，在全省分设师范学校9所，并做出甘肃教育发展全面规划。民国三年（1914年）秋，发生青海玉树与甘肃、四川之间的边界纠纷，北洋政府派甘肃道尹周务学勘查解决，周聘载坤负责测绘疆域地图。载坤冒风寒、住帐房、涉沼泽，历时年余，完成了测绘任务，并著有《玉树勘查自序》一文，此文成为后人研究玉树历史、自然、地理的第一手资料。

民国六年（1917年），载坤赴东南考察工业，以实现实业救国宏愿。他在上海专攻毛编技术，返兰后到兰州师范讲授，由学生辗转传播推广。之后，载坤在兰州办起"工艺传习所"，设毛编、地毯、制革三科。继而在传习所基础上，创建"省立工业学校"，载坤任校长。次年，载坤赴日本考察实业教育，归国后与高抱诚合写《发展甘肃实业教育之规划》。民国十一年（1922年），他再赴日本，考察"改良羊种及羊毛改良问题"，返回后与水梓等创办陇右公学。民国十四年（1925年）国民军入甘肃，派员向银行借款。时任甘肃省银行协理的牛载坤连夜通告存户提款，款项提取一空。刘郁芬借故拘押载坤，经各方营救获释。民国十八年（1929年），甘肃旱灾严重，民不聊生。载坤赴南京请赈，奔走宁沪，拯救灾民。载坤在宁沪结识国医大师施今墨，学有所成，并得国医馆馆长焦易堂支持，返兰筹建了中国国医馆甘肃分馆，并任馆长。

民国二十二年（1933年）6月，载坤任民勤县长。赴任后，他倡办义仓，制定造林防沙计划，设立苗圃办事处，育苗种树；创办"师范传习所"，培养师资，发展教育。整顿地方财政，减轻群众负担。民勤有马步青部驻军一团，不时找县政府要粮要款，拉夫派差，载坤极力抵制。有一次，驻军摊派大车200辆，民夫数百人，载坤坚决不从，说："要马车，我有一辆，可以拉去，别处一辆也不能给。"该团一营长挟持载坤去团部，走到十字街头，载坤大声向群众说："马团长让我派200辆大车、几百民夫，我有责任保护百姓，坚决不答应。"说毕，坐在地上。群众感动掉泪，军士不敢再逼，愤愤而去。民国二十三年（1934年）6月，载坤回乡安葬父亲，途经武威，马步青暗派军兵，改装跟踪。行至皋兰县哈家咀，已出马部驻防范围，跟踪人员开枪射击，载坤身中四弹而亡，遗体停放于兰州荣光寺中。邓宝珊将军前往吊唁，深表惋惜地说："牛先生忠厚有余，而应变不足。"民勤群众修建牌坊，额题"甘棠遗爱"，以资纪念。

弃武从文高文蔚

高文蔚（1887—1954年），字抱诚，汉族，康乐八松高家窝铺人。幼时就读于私塾。1904年考入甘肃省陆军小学堂，毕业考试名列前茅。1910年保送入湖北武昌陆军学校深造。后被甘肃都督府派往西军精锐军任教练。

1915年，高文蔚受狄道劝学所选派，入江苏南通师范五年制本科，勤奋好学，擅国文、美术，毕业时成绩突出，受到校长张季直及顾公毅、于忱、黄祖谦等人的器重。

1919年，高文蔚应省立第一师范校长杨汉公之邀，在师范附小进行示范教学。1923年任省立第三师范（今临洮师范）教务主任并负责附小工作。次年任第三师范校长。他多方联系、延请优秀老师，加强教学工作，筹集经费，购置图书、仪器，以充实教学。

1924年后，高文蔚担任省教育厅督导视学，遍历各县，提倡示范观摩教学，所写《甘肃教育视察记事》发表于《大河日报》。1926年担任甘肃省立第一中学国文教员兼训育员，其教学艺术在兰州教育界享有盛誉。他在美术教学中糅合中国画派之长，对水彩及炭精画像艺术进行了大胆创新。

1929年地方遭到兵燹后，高文蔚任甘肃省赈务委员，协助赈委会筹款，救济难民。同时担任省教育会常务委员，向省政府提出恢复灾区教育的建议。1931年起，高文蔚担任省教育厅秘书，兼任省立第一中学校长。1936年，专任甘肃学院秘书兼授高中文学。1940年，任陇右公学董事兼中央直辖兰州市小本贷款处主任。1941年任陇右中学首届校长。1943年到1947年7月，任甘宁青考铨处秘书。

高文蔚故里

爱民廉吏温树棻

温树棻（1904—1938年），字香圃，河北省定兴县人，河北大学法科毕业。"七七事变"前曾任天津商法学院庶务主任，河北内邱县长，西北训练团大队政治主任，1938年任康乐设治局局长。

温树棻来康乐就职时，已值国难当头，家乡河北沦陷，家园破灭。他到任后，徒步走遍康乐的沟沟岔岔，普查了民情和吏治，深感康乐民风之淳厚，胭脂三川之秀丽，同时也为民之贫瘠、政之腐败而忧心。作为一个黑暗时代的知识分子，苦于报国无门，他决心从兴办教育、革除政弊、培植民力着手，为老百姓办点实事。

1937年，康乐境内只有4所完小，29所初小，无一所公立中学。康乐的学生多就读于临洮、临夏等地，很不方便，而且大部分家庭根本无力支付学费，有的只念几年小学便辍学。为了改变这一现状，他与乡绅奔走协商，创立了康乐公立初级中学，委任张涟为校长，并请临洮人李文明为训育主任，聘请社会贤达王铁舫、雍应川等为教师，借用平民工厂为校舍，招收学生五十多名，结束了康乐县无中学的历史。

温树棻来自沦陷区，对日寇之罪行和亡国之痛有深切的感受。在康乐纪念"七七事变"的群众大会上，他历数日本侵略者的滔天罪行，教育群众要奋起抗战，有力出力，

温树棻

有人出人，有钱出钱。在讲到日本侵略者在沦陷区实行"三光政策"时，他痛哭流涕，激起与会群众的爱国热情。当年，康乐县开始征集壮丁，以"增厚抗战力量"。月征36名，至年底月征人数增至54名，并将26岁至45岁的男性列为预备兵，等候开赴抗日前线。

1938年7月7日，康乐冯马家、徐家滩、上湾、草滩等地遭受严重雹灾，夏秋粮均被打光。饥荒将至，民心浮动。温树菜深入灾区视察，并召集民众安抚。为了拯救灾民，他亲自到临洮县借款救灾，同时动员群众抢种小秋作物，所幸当年降霜较晚，荞麦、糜谷全部成熟。同年夏天，国民政府修临洮西飞机场，分摊康乐民工30000名，户均达2人，而且是自带干粮、行李。树菜顾念民之贫苦，乱后元气未复，再三向省府申述，豁免了部分差役，减轻了百姓负担。

为减轻地方负担，温树菜将森林警察并入政务警察，缩减人员，年减少开支1254元（银圆）、粮秣6石6斗。同年11月1日，温树菜因脑溢血卒于任上，终年才34岁，遗物仅为几件破旧衣服和两枚银圆。温树菜在康乐任职不足一年，但他尽其所能，革除弊政，整肃吏风，体恤民情，深得民心。他病逝后，群众纷纷要求为他建城隍庙，当地乡绅积极筹建，因时局纷乱而搁置。至今人们依然称这位设治局局长为"温县长""温城隍"。

红军战士赵世新

赵世新，原名根富，生于1914年5月，康乐县八松乡新庄人。1928年在乞讨路上参加了冯玉祥的部队，给一个排长当勤务兵。

1930年，赵世新所在的第五路军调往河南参加蒋冯阎中原大战，

赵世新

冯玉祥失败后第五路军被蒋介石改编为第二十六路军。并调往江西"剿共"前线。1931年12月24日，二十六路军一万七千余名官兵在董振堂、赵博生的领导下，毅然脱离国民党，举行了著名的宁都起义。起义部队开赴苏区后，被中央军委授予中国工农红军第五军团的番号，成为一支新型的人民军队。赵世新成了一名红军号兵，他所在的部队参加了赣州攻坚战、水口战役、黄狮渡等战役。赵世新在战斗中英勇作战，阶级觉悟提高很快，1933年被调往补充师训练新兵，同年8月1日加入了共青团组织，10月转为中共党员。

1934年10月，中央红军开始了二万五千里长征，赵世新在军团炮兵营任司号员，1935年11月调十五军团司令部司号连任排长，长征结束后进入军团教导营学习。在平型关战役中，赵所在的教导营学员担任往前线运送弹药的任务，赵世新冒着枪林弹雨，奋不顾身，冒着大雨往返四十余里，按时完成了任务，受到了上级表扬。

1937年11月，赵世新担任115师344旅687团通讯连连长，先后参加了碾头集、金店、韩村集、朱宝寨等数十次对日作战。在此期间，曾担任武工队副队长，深入敌后，宣传抗日，发动群众，武装群众，打击日伪政权，历时八个月中为部队筹集了大量给养，动员了500多名青年参加了八路军。1940年10月赵世新任冀鲁豫军区四团二营营长，奉命护送吕正操、肖华等中共高级干部安全通过封锁线。在鲁西南进行反扫荡开辟抗日根据地的斗争中，完成了上级交给的各项任务。1943年夏至1944年秋，赵世新进入太行山河涧村的冀鲁豫党校学习，之后任军区十八团一营营长，十九旅五十五团副团长，二十五旅五十八团副团长，参加了攻打定陶、曹县、菏泽、济宁的战斗。1946年参加了消灭国民党新五军和十一师的龙丰战役。

　　1947年6月，刘、邓大军千里跃进大别山，赵世新所在的团因电台损坏，与上级失去联系，他们克服重重困难，连续作战，与敌周旋七昼夜。后又担任保卫刘伯承司令员安全的任务。1948年11月赵世新随大部队参加了淮海战役中围歼黄维兵团的战斗。他受命率一个营配合兄弟部队侧击袭扰，滞敌他援，消灭敌一个运输队，缴获汽车十辆。他在战斗中身先士卒，冲锋在前，数次击退敌人的进攻和反扑。二十旅编入第二野战军第五兵团后，赵世新任司令部直属队指挥长，1949年11月，兵团南下进驻贵阳。

　　1950年，赵世新和兵团司令部的100多名勤杂人员组成工作队，赵担任黔西织金县八区区委书记，领导了当地的剿匪反霸工作。1951年担任军区汽车团团长，1952年转业到地方，先后任西南建管总局工程处主任，西南建管公司副经理，四川省建筑总公司供应处处长等职，1982年12月退休，享受正厅级生活待遇。

　　赵世新一心向党，几十年如一日，退休后退而不休，不顾年迈，经常到机关、学校讲革命传统，保持了一个共产党员、一个红军战士的本色。

2014年8月，101岁的赵世新从成都回康乐故里马家寨省亲

马孝致信毛主席

在三岔河畔的康王城边，耸立着一座宏伟、肃穆的穆斯林拱北（陵墓），里面安葬的是有名的宗教人士——马孝。

马孝（1934—1974年），字希贤，穆扶提门宦第十四任教主，曾任中国伊斯兰教协会委员，甘肃省青年联合会副主席，州、县人民代表，临夏州政协常委。1949年8月20日康乐解放后，他主动向共产党和人民靠拢，向解放军交出道堂用于自卫的步枪5支，手枪3支，子弹500发，并拿出雁塔白布200多匹，为解放军做棉衣，送军鞋45双。

1951年7月，马孝积极响应县委发起的为抗美援朝捐献飞机大炮的号召，将道堂金银（折合人民币1亿元）献出，参加签订爱国公约、和平签名、慰问志愿军等活动。1952年土地改革运动开始，政府安排他为县土地改革委员会委员。通过参加会议，学习文件，他的思想认识得到提高。他积极拥护土地改革，预先将道堂700亩、拱北200亩土地和9头牲畜及部分农具主动献出，分给贫苦农民。1952年5月间，他参加西北少数民族参观团，到北京、上海等地参观。在京期间，他向毛主席写致敬信，表达对共产党领导人民翻身当家做主的感激之情。他在信中写道：

敬爱的毛主席：

在历代封建统治阶级和蒋介石反动集团的统治下，我们少数民族被长期压迫着。在反动满清政府同治年间，曾差遣反动左军来临洮、康乐一带，把回族同胞从临洮赶到康乐，并发布命令："河东不能住回民，河西不能住汉民。"挑拨分裂回汉团结，让我们把教堂移到康乐（原住临洮北乡）。光绪二十一年、民国十七年也都是由于反动统治阶级制造民族仇杀事件，分裂民族团结，使各族劳动人民的生命财产遭到很大损失。我们教堂也遭到破坏，那时我们少数民族真是有冤无处申诉。一九四九年八月，毛主席的解放军解放了康乐。解放军对我们回族亲如兄弟，尊重回族的风俗习惯，连清真寺里也没进去过，真是自古以来罕见的好军队。中华人民共和国成立后，各级人民政府的负责人里面，也有许多少数民族的代表，在《共同纲领》上也规定了民族政策，这些事实都充分揭露了反革命分子在无耻造谣。在今年六月，我很荣幸地参加了西北各民族参观团。西北参观团由十个民族代表组成，向毛主席献了旗，周恩来总理和朱德总司令还亲自接见了我们，并且举行了招待宴会，我们在天津参观了各地的清真寺、喇嘛庙。各地少数民族在风俗习惯和宗教信仰上，都受到了人民政府的尊重，我们到北京、天津参观时，各地招待的工作同志晚上不睡觉地陪着我们，在北京我还看到规模宏大的中央民族学院，我亲眼看到成千上万的少数民族青年在里面学习，这是中央培养少数民族干部的学校，另外还有许多少数民族的中小学校，政府拨了大批款子；修建著名的杭州凤凰寺，政府就拨了二十亿款子修建；凡是有少数民族的地方都有本民族干部参加政权；召开的各种会议，都有适当的少数民族参加。我们还参观了规模宏大的机器厂。经过这次参观，我真正认识到共产党民族政策的伟大，加强了对祖国经济建设的信心，我深刻地感到了各民族友爱合作的大家庭——中华人民共和国的温暖，我要把这些事实告诉所有的回族人民。

马孝从北京回来后，即赴各区宣讲此次参观的见闻和深切感受，介绍新中国的建设形势和党的民族宗教政策。1952年10月，马孝担任县人民委员会委员。1953年6月，去北京参加中华全国民主青年联合会第二届全国委员会，当选为全国青联委员。1954年，临洮县拓宽洮惠渠，要从东拱北墓地经过，他即主动迁移祖太太坟墓，使渠工按计划进行，得到临洮县党和政府的好评。1956年3月，康乐全县学习毛主席《关于农业合作化问题》和《1956—1957年全国农业发展纲要》，结合本县实际，讨论制订农业合作化的发展和十年发展规划，动员党员、团员带头建社、办社。他当即向县委提出，为支援国家社会主义建设事业，自愿捐献白洋4000元，银子205两，金首饰1两多，银首饰100两，骡、驴各一匹并提出要求加入农业生产合作社。县委决定，金银首饰和骡、驴不接受，银子和银圆作为存款接受，入社问题秋后再研究。后经再三要求，州委于1957年1月批准马孝入社。1956年9月，他作为中央赴西藏慰问代表团成员，赴西藏慰问。

康王城拱北(马孝陵园)

1958年8月11日至9月29日，在兰州召开的省伊斯兰教协会第二次委员（扩大）会议上，他含冤入狱。1974年2月10日病逝于狱中。1978年，才得到彻底平反。

马孝的妻子拜玉凤在马孝去世后管理本门宦教务。她曾任甘肃省、临夏州伊协常委、副主任，全国妇联执行委员，临夏州政协常委，现任甘肃省政协副主席。她拥护党的民族宗教政策，积极支持各级政府的中心工作，关心教育事业，为促进宗教和顺、维护安定团结做出了积极贡献。

求真务实年得祥

年得祥（1930—1986年），回族，康乐县上湾乡东沟村人。

1949年8月参加革命工作，1950年10月加入中国共产党。历任中共东乡族自治县锁南公社书记，中共和政县委副书记，共青团临夏回族自治州委副书记，中共临夏回族自治州委组织部副部长，中共临夏市委副书记，临夏回族自治州州长、州革委会副主任，中共临夏回族自治州委副书记、书记，甘肃省副省长等职，曾当选为中国共产党第十二届中央委员会候补委员，中共甘肃省第四届委员会候补委员，第六届委员会委员，甘肃省第五届、第六届人民代表大会代表。

1962年6月，面对临夏地区农业生产遭受严重破坏的实际，临夏州委做出"关于建立今年夏收秩序的紧急措施"的决定，在临夏地区实行"包产到户"。时任副州长的年得祥坚决推行州委决定，并表示：如果出问题，我愿承担重要责任。是年10月，中央西北局把临夏地区"包产到户"作为"西北全区的一个重要政治事件"，限期纠正。中共十一届三中全会后，此举得到肯定。1972年，临夏州委讨论当年全州粮食生产指标时，一部分同志适应当时"农业要大干快上"的形势，提出总产力争比1971年增长

年得祥

147

10%的意见。时为州委常委、州革命委员会副主任的年得祥，根据全州历年粮食增产的实际情况，和另一些同志提出比上年增长4%左右的意见。年得祥同志的意见不仅未被采纳，而且在《甘肃日报》作为"保守"意见进行批评。1974年，教育战线掀起反击"复辟""回潮"风，东乡族自治县一中一名学生于1970年跳井自杀案发，州教育局派人深入调查后，据实得出与"回潮"无关的结论。上报州委讨论时，年得祥等同志完全同意调查组意见，既妥善安置死者家属，又保护教师免受"回潮"牵连。1979年8月6日，《甘肃日报》头版刊登临夏州《春天定下的政策不变，夏收预分中全部兑现》一文，认为临夏州"夏收作物好过往年"。年得祥看到报纸后批评报道人员："庄稼还长在地里，怎么能说好过往年？粮食未拿到手之前不能瞎吹牛，新闻报道一定要实事求是。"1979年，他听到对治理吹麻滩有些同志有不同的认识，他在大河家召开的吹麻滩区公社书记、区长、社长等参加的会议上，肯定根治吹麻滩的成绩，耐心批驳"得不偿失"等各种不正确认识，使与会者统一思想，并强调只要对群众有利的事要继续干，不能含糊。

年得祥经常深入实际，调查研究，体察民情，关心群众疾苦。1976年，年得祥在和政县吊滩乡蹲点时，带着公社干部到大山庄大队石洼山生产队挨门逐户调查，了解群众生活情况。他发现移民安某睡在土坑上，身披破皮袄，经询问，才知其无裤可穿，难以出门。年得祥当即指示公社书记："从救济粮、救济款中尽快给予解决"，并要求公社对全部移民户的生活状况一一调查。公社根据指示，除对安某解决被褥、线毯和衣服外，对全社三十多户移民的生活作了妥善安置。逾月，他又去吊滩公社，进门见公社书记就问："移民的困难解决了没有？"1980年3月，年得祥调任甘肃省副省长后，为解决省与省、县与县之间的边界纠纷，常常四处奔波，上下做工作，有时一天要跑几个县。他在现场办公中了解到全省"四残"人员（盲、聋、哑、残）生活有一定困难时，便同其他领导同志研究决定，每年由省财政拨款30万元，支持他们发展生产，生产自救。他还多方联系，克服困难，筹建了天水拥军疗养院。

作为少数民族干部，年得祥在处理回族群众宗教纠纷问题时，坚持党性原则，实事求是。他曾建议省委在全省少数民族比较集中的非民族自治州、县、乡选派一定比例的得力民族干部，以利于开展工作，锻炼和提高少数民族干部素质。他对各民族干部一视同仁。永靖县有一名工作能力较强的陕北籍干部，因父亲有"历史问题"，一直未提拔重用。年得祥得知后，建议组织部门选拔提升其为县级干部，使其才能得以发挥。

人都叫他"马大夫"

"马大夫"是康乐干部群众对原甘肃省人大常委会副主任马玉海的亲切称呼。马玉海，回族，1931年1月生，康乐县流川乡清水沟村人，临夏国立西北师范肄业。1950年参加工作，历任乡长、区长、县合作部长、县革命委员会主任，县委常委、副书记、书记，副州长、州长，州委副书记，省人大常委会副主任等职。他没进过正规的院校学过医，也未在医疗单位工作过，却对医道情有独钟。在基层工作期间，看到农村缺医少药，许多家庭贫困的群众患病后无钱进医院，小病拖成大病。他便利用

马玉海

149

工作之余，刻苦钻研中医，广泛收集民间偏方、土方，总结出一套医治农村常见病的方法。在担任领导后，他经常走村串户，为群众把脉开方，对找上门求治的病人更是热忱备至。人们都说："马大夫看病不要钱，病情说透好一半。"

1976年至1980年，任康乐县委书记期间，马玉海深入基层，调查研究，总结多年农村工作的经验，提出农业生产存在的主要问题是三症：即干旱地区缺水——贫血症，高寒阴湿山区——寒湿症，不论山川都缺少肥料——营养不良症。为解决贫血症，在巩固和提高原有水利设施的基础上，他争取资金，主持新修窑窑沟提灌工程和虎关北山三级提灌工程。为解决寒湿症和营养不良症，他在全县倡导推行前槽后坑式的密闭厕所，改变千年遗留的黄土搬家积肥陋习，大搞科学积肥、高温发酵肥料，以提高地温、地力，同时发动社队种早熟品种和冬麦。

他积极倡导植树造林，推行带根苗上山，每年造林1万亩，并整顿林场，健全林木管护制度，加强管护，使成活率保持在90%以上。他又争取资金，主持修建三岔河虎关大桥、流川河虎关大桥、县城西桥、景古水泥厂、农机厂大修车间等。

在任临夏州副州长、州长期间，他提出工业是骨头、农业是肉、商业是血脉、教育是头的指导思想。认为工业、农业、商业、教育是一个有机整体，相互促进，不能偏废。他亲赴北京，多次向中央陈述刘家峡库区移民的困难，获中央财政部每年200万元、五年1200万元，水电部每年400万元、五年2000万元的拨款，用于地方经济建设。在他的扶持下，1984年，全州安排基础产业10个项目，批准修建了康乐一中教学楼。1985年，马玉海应邀出访沙特阿拉伯、科威特、巴基斯坦。2002年出国访问时病故。

诗人画家石作围

石作围（1918—1996年），字又生，号水池幻翁，康乐景古石家河滩人。1936年考入临洮师范，后又考入国立西宁师范。在青海期间，正值国难当头，马步芳追随蒋介石消极抗战，积极反共，残酷镇压进步力量和爱国学生运动。西宁街头兵匪横行，满目疮痍。他积极参加抗日救亡活动，因闹学潮，被校方两次记大过处分，留校察看。他愤然写下《青海行》：

青海水深恨亦深，生杀予夺在一身。
昆仑彩玉砌青庐，鹦鹉专效丑女声。

1943年，他考入三青团干部学校专修部（实为三青团中央团校）。抗战胜利后，三青团干校与国民党的中央政治大学合并，其间，石作围参与编辑、主编甘肃籍中央政大进步学生创办的进步刊物《陇铎》，编发了一系列揭露国民党黑暗统治、抨击贪官污吏、针砭时弊的文稿，在国统区很有影响。同时，也发表了许多诗词作品。

石作围所作的诗总是把个人同国家、民族的前途命运联在一起。如1945年8月

石作围

15日抗战胜利，他在《重庆之夜》一诗中写道：

> 山城今夜如沸汤，爆竹频传日寇降。
> 人流浑似钱塘水，歌声飞过扬子江。
> 黄陵不辍子孙祭，江山仍吐紫霞光。
> 梦魂今宵越关山，明日整装早还乡。

1949年底，石作围拒绝中央政大一些人劝他去台湾的建议，从四川辗转返回故里，立志教书育人，参加新中国的建设。他先到临洮师范求职，因校方顾虑他与蒋介石父子有来往而拒用。后经熟人介绍，到临夏师范任教。1955年审干时，他被人疑为"历反"，锒铛入狱，石作围百思不解，自己何罪之有？吟《铁窗杂感》数首，其一曰：

> 燕雀翔南又翔北，无网无罗任意飞。
> 我竟无能得羽化，青云一缕自在归。

十个月后，石作围被无罪释放。1957年"反右"开始，他又被划为"右派"，打发回乡，监督改造。这一次他足足等待了二十多年。在漫长而贫困的岁月里，他以羊为伴，忍辱负重，贫病交加，满腹惆怅。从他1964年作的《牧羊篇》中可见一斑：

> 破帽遮颜手挥鞭，芒鞋踏平几重山。
> 壮志每随朝露逝，白发频与春草添。
> 长歌全无空谷应，心声还对流水传。
> 浮云不解赤子意，为怜屈平望楚天。

1978年，石作围得以平反，恢复公职时已年届花甲。这年除夕，家人团聚，共庆佳节，他抚今追昔，百感交集，吟道：

瑞雪兆丰年，爆竹除旧岁。

欢笑满神州，不酒情自醉。

伯仲庆相逢，话旧频拭泪。

夜久语不绝，直到晨星坠。

今夕复何夕，额庆玉宇静。

同年，当他获悉邓小平同志冲破阻力，复出主政时，挥笔写道：

三公运筹清君侧，前度邓公今又来。

兴利除弊万民庆，堪称中流砥柱才。

退休后，石作围到陕西等地故地重游，踏访名胜古迹，面对斗转星移、物是人非，诗如潮涌：

过渭水河谷

渭河回曲跃幽龙，青山两岸竞峥嵘。

摩天独有太白在，千古高标掩众峰。

观秦俑

翦灭六王展雄策，同轨同文现大略。

功过今朝有定论，暴君当非尔应得。

山西井陉韩信背水列阵处

韩侯重甲定汉业，背水生擒赵王歇。

从此虎威震人主，运术难逃红羊劫。

莲花山

登上玉皇绝顶峰，满怀飘曳白芙蓉。

我已忘形出尘海，依稀酩酊广寒宫。

积石山

（其二）

众峰莽莽尽银河，六龙回辕望帝乡。

女娲何忧天西倾，自有玉柱撑太苍。

他无意成为诗人，常常是触景生情，有感而发，出口成章，过后并不在意，因而抄录的诗稿大多丢失，现存的百余首是其胞兄石作屏整理的手抄本，并附有简要序言。

能读到石作围诗作的人不多，但要谈起他画的墨竹，却无人不晓。在20世纪八九十年代，康乐县机关办公室和干部职工宿舍，随处可见到题名"水池幻翁"的墨竹。许多人拿到就贴在墙上，很少有装裱的。人都戏谑："石老卖扫帚（即竹子扎的扫把），山中无竹子。"其实他从未卖过画，最多喝人家两盅酒而已。

石作围早年在师范读书时就学过绘画，后因长期身处逆境，放牧之余，作画解忧，慢慢地入了迷，一发而不可收。

石作围崇拜郑板桥的墨竹，所以专攻墨竹。20世纪六七十年代因生活拮据，无钱买宣纸，他常在廉价的草纸和黄川纸上练笔、临摹。当人们称赞他画的竹很像板桥的风格时，他说："这只是一点基本功，从像到不像才算自己的本事。""十分学七要抛三，各自灵描各自探。"他知道要把竹画"像"并不难，难的是要画出竹的精气神来。在他的理念中，竹是作人的范本，高风亮节，虚怀若谷，风雨不惧，寒暑不移，在技法上，他遵循中国水墨画的基本要素，承袭传统，探索新法，展示笔与墨的表现力。

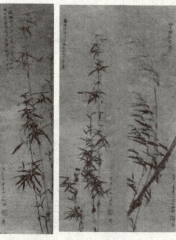

墨竹（石作围作）

石作围作画从不轻率着

笔，总要沉思良久，意在笔先，待胸有成竹，则一气呵成。他自己记不清画过多少幅，但凡示人的，幅幅堪称他的得意之作。纵观他的墨竹画，其特点是风骨淡雅，布局多变，疏密得体，明暗有致，枝竿挺拔，层次分明，墨韵丰富，一如潇洒君子，天生傲骨，临风而立，使人进入清静无欲、超凡脱俗之境界。如他的题竹诗云：

（一）

多少霜雪曾压顶，不附威势不屈节。
待到春雷苏大地，玉姿翩翩影摇曳。

（二）

羡君出土即有节，铁骨铮铮天自成。
霜雪摧杀群芳尽，独君清影仍从容。

（三）

觅遍北国不见君，原在板桥图画中。
仰慕君节忘盘餐，描卿玉骨到黄昏。

白石山

（四）

平生最爱亮节竹，终日挥毫画不足。

白头倩影两不厌，依稀随君到太虚。

　　石作围是一个情趣高雅、博学多才的人，他的诗与画完全是个人情感的自然流露，是对个人命运的真实记录，是对现实生活的观察与思考。他不屑于人们称他"诗人""画家"，只不过是用诗说话，借画明志，完全是一种业余爱好而已。

历尽坎坷书始成

胥世泽书法作品

　　"门前栽杨柳，室内胥老书。"这是流传在风景如画的八松乡民间的一句话，是山区人民喜爱胥老书法的形象描写。

　　胥世泽（1914—1999年），别号八松山人，康乐县政协委员，中国书法家协会临夏州分会会员，八松乡八松村农民书法家。

　　胥世泽出身于书香门第，其父胥灵峰是闻名陇右的教育家，"树风学校"校长兼董事。幼年的胥世泽一边在校读书，一边遵父训勤练书法。不幸的是，他只上了八年学，就因腿患重疾而辍学。15岁时，在其父的耐心指导下，他熟读了王右军的《草字百韵歌》，刻苦临习赵孟頫的字帖。为了临摹历代名家碑帖，揣摩名家之长，不管是烈日炎炎的盛夏，还是滴水成冰的严冬，他总是用秃笔蘸着红土泥在方砖上勤学苦练。他还经常手拄拐杖，拖着残腿到庙宇、学校、寺院观摩匾额、楹联。练习之余，他还熟读唐诗宋词，提升个人修养。经过不懈的努力，他的书艺日益长进，终于形成了端庄圆转、刚柔相济的鲜明书风。

令人痛心的是，十年动乱中，胥老精心收藏的诗卷碑帖散失殆尽。"文革"后，他精神振奋，重挥旧毫，抒发对新生活的赞美之情。二十年来，新疆、天津、兰州、玉门、临洮、临夏、渭源及本地求书者慕名而来，几乎踏破门槛。胥老对索要者有求必应。胥世泽以精湛的书艺和高尚的人品赢得了人们的尊敬，他的书法作品不仅在各地报刊和《康乐县志》上刊发，而且还被临夏州书法协会送到北京和省上展出。

八松风光

人间仙境莲花山

　　1989年，甘肃省政协三十余位委员登临莲花山，认为莲花山有"泰山之雄，华山之险，黄山之奇，庐山之美"。乍听起来似乎有点过誉，仔细推敲，便觉得并不过分，莲花山确有"雄、奇、险、美"的资质，且有泰山"松、石、云、泉"之美。

　　莲花山海拔3578米，雄踞洮河上游，山体绝对高度1578米，正好是泰山的海拔高度（泰山海拔1532.8米）。

　　过去不通汽车，上莲花山全凭脚力，因此，朝山的人必须先一天到达莲花山脚下的足古川，住宿一夜，第二天凌晨吃饱喝足，带上干粮，乘凉上山。天麻麻亮时来到三圣庙，然后踏着晨光上瓦扎坡，经曲径小道爬上火烧洼，再走一程经红沟湾便到了莲花山腰唐坊滩，这

莲峰日出

段上山路得用两三个小时。现在足莲公路通车，坐车只需几十分钟即可到达。不论是乘车或步行，清晨是最佳的登山时间。坐汽车省时省力，但因车厢遮挡，想欣赏沿途的秀丽风光却不大可能；如果坐的是大轿车，从车窗向外张望，则一路绿水青山、碧树红花、荆榛藤蔓会扑面而来，给初来乍到的旅客一份惊喜，一洗尘世的烦恼。到三圣庙停车，驻足南望，矗立南天的莲花山如一丛盛开的碧莲，沐浴在万道霞光中，青翠葱茏，云蒸霞蔚，气象万千！

莲花山主峰位于唐坊滩之上，要到达主峰，只有徒步攀登。但是你不用着急，先在这里稍事休息，顺便参观莲花山碑林、三仙女塑像和雄伟壮丽的莲花宝殿，然后穿过茂密的松林，拾级而上，历经险要的头、二、三、四天门，直达莲花山心脏地带紫霄宫。沿途有莲花山有名的"迎客松""蛇窜石"和生长在石间成群结队的千年古松，以及岩崖间、草坂上数不清的奇草异花。

紫霄宫位于莲花山的心脏地带。这里是个小山湾，过去这里有祖师殿、夫子殿、转阁楼、神仙洞等群体建筑。特别是转阁楼红墙绿瓦，斗拱飞檐，分外壮观，朝山的人可以就地食宿。一首花儿唱道：

莲花山三仙女塑像

"昨晚紫霄宫里站，紫霄宫里不要钱。"可见当年紫霄宫的繁盛。

从紫霄宫往上，是壁立千仞的悬崖峭壁。对年轻人来说，攀登莲花山金顶、玉皇阁是小事一桩，但对上年纪的人来说，却是比上天还难的一件事。这里的"独木桥""上天梯""夹人巷""鹞子翻身""蛇倒退"，处处都是"望峰息心"的险关危隘，都得依靠铁链扶手爬过。就像"鹞子翻身"，得吊在铁链上往下窜，而且有一处还得像鹰鹞一样在空中翻个身才能到达下面的岩石上；"蛇倒退"，顾名思义，此处危险得连善于爬行的蛇也要"倒退"几步。

如果不畏艰险，登上莲花山主峰玉皇阁，你才会相信"山外有山，天外有天"。莲花山玉皇阁一峰擎天，金顶、王母峰、白莺峰、张仙峰、财神峰、北天门、文昌峰、魁星峰"九峰竞秀"；有的如剑戟斜插，有的如苍鹰欲飞，有的如犀牛望月，有的如寿星献桃，有的如白莺立视。有时云遮雾障，隐约可见；有时丽日当空，一览无余。四时有阴、晴、雨、雪的变化，一日有晨、昏、昼、夜的差别。玉皇阁有黄瓦耀日，红柱照地的两层十二扎角形"瞭望台"。登台四望，洮水北去，西倾西来；天床山、小莲花山耸其左，大岭山、姊妹山列其右，万山捧翠，如碧波荡漾。远山近水尽收眼底，大有"会当凌绝顶，一览众山小"的感觉。白天丽日当空，夜晚星光灿烂，方知"天路非遥"！距此不远的王母峰是一个充满神话的世界。据传，每年农历三月初三，王母娘娘去赴瑶池宴会，途经莲花山时就在这里休息。莲花山山有多高，水有多高。花儿中唱道："莲花山半腰云搭桥，水帘洞六月冰不消。""莲花山有九眼泉，三眼饮水三眼干，三眼它是饮马泉。"神仙洞"滴泉"是莲花山名泉之一。但更多的山泉深藏在人迹罕至的幽谷深涧中，只有深山采药的人，才知道泉之所在。这些深藏高山峡谷的山泉汇成了唐坊滩东侧的山溪，朝山者所饮用的正是这些山泉所贡献的琼浆玉液。人们朝山时，总要跑到东侧的山涧饮水，因为那里有比任何饮料还甜美的莲花山泉水！有水就有树，莲花山遍山都有树，即使是悬崖峭壁之上，大大小小的松树总是"咬定青山不放松"。修建在悬崖峭壁上的娘娘殿，五架庵都被古松包围着。泰山、黄山有的

"松、石、云、泉"，莲花山都有。

莲花山是石山。石，造就了莲花山雄奇壮丽的品格；树，给莲花山长足了精神。除松树而外，在莲花山极顶还长着一种叫"枇杷"的"山杜鹃"。这种"枇杷"又分两种：一种叶片较小，一种叶片较大，小者名叫"羊枇杷"，大者叫"马枇杷"。叶片都狭长，呈向内卷曲状，均开红、黄、白各色花朵。"羊枇杷"柔嫩小巧可爱，"马枇杷"大而粗壮，所以人们比较喜欢"羊枇杷"。枇杷是朝山的标志，幸福的象征，所以朝山的人总在下山时折几枝枇杷插在伞上，以示登上了玉皇阁，并唱花儿道："你折的是羊枇杷吗马枇杷，枇杷叶里卷娃娃。"

莲花山的云有时静若处女，随微风在山间飘来飘去；有时散若飞絮，盈壑填谷，时浓时淡，慢慢升腾；有时动若蛟龙，瞬息万变。

天削莲峰第一台

莲花山为陇右名山，历代诗人多有吟咏之作，流传后世。

天削莲峰第一台，芙蓉四面望中开。
松围石蹬盘云上，袖拂天花带雨来。
呼吸信能通帝座，肝肠顿觉洗尘埃。
孤峰耿耿惊苍鬓，极目千山首重回。

这首诗的作者杨行恕，是明临洮府狄道县（今甘肃临洮县）人，字本忠，号岳麓。过目成诵，能诗赋，亦能书。万历三十七年（1609年）举于乡。天启二年（1622年）中殿试三甲一百二十一名进士，入翰林。年三十一岁卒，时人惜之，著有《温玉亭诗文集》。这首诗似乎与明朝天启年间另一位佚名诗人的"莲峰日罩雾，水洞常积冰；殿宇辉煌起，天启重建成"为同一时期之作。"天削莲峰第一台，芙蓉四面望中开。松围石磴盘云上，袖拂天花带雨来"，"莲峰日罩雾，水洞常积冰"，均写出了莲花山的高峻严寒、奇山异景。

明崇祯年间淳化训导王维新有《游莲花山》诗云：

> 莲花山貌莲花似，秀骨嶙峋迥不群。
> 天外青山朝浴日，镜中绿林晚穿云。
> 孤巢鹤影凌空见，古寺鲸音隔涧闻。
> 几度欲寻苍玉版，翠微瑶草落纷纷。

在诗人笔下，貌似莲花的莲花山，"秀骨嶙峋"，与众不同。你看，高出"天外"的"青峰"，沐浴在柔和的霞光中，"镜中"的"绿林"穿织着傍晚的云霞，仙鹤在高空中飞来飞去，隔着涧溪，隐隐约约可以听到古寺中传来的钟声……到了清代，文人墨客对莲花山有了更多的描述。洮州诗人赵维仁的《莲峰耸秀》便是其中之一："矗矗莲峰入九霄，青苍一望见岩峣。人缘贯索穿云出，石削芙蓉带雨摇。俯听风雷喧白昼，高扪星汉坐清宵。危楼杰阁来天半，好乘玉龙度玉箫。"

仙女峰

赵维仁，字心泉，号继园，洮州新城人，生于道光三年（1823年），优贡生，晚年授灵台县教谕，著有《继园诗集》四卷。清代康乐佚名诗人《莲花山游记》古诗以"遥闻莲境是仙山，奇峰峻岭真妙玄"开篇，描写了莲花山一处处自然景观。

　　民国河州诗人邓隆咏莲花山诗，意境新颖，独树一帜。他的《莲花山》诗二首将莲花山与西岳华山相比："太华少华游已遍，西来又上莲花山。"尤其是七绝（归途口号）更让人百读不厌："莲花万朵矗云端，瘦影香风压客鞍。莫怪归途频勒马，好山只在回头看。"民国时，康乐县县长赵文清曾有不少诗作，其中吟莲花山的诗虽只四句，但却写得有情有味："西倾积石几千峰，不及莲花绝黛容。休与峨眉争虚宠，愿投碧落作神工。"莲花山声名日隆，吸引了众多的省内外党政领导、文人墨客。我国著名作家魏传统及甘肃著名诗人、学者、书画家张思温、顾子惠、聚川、黎泉、黎凡、王天一等都登临莲花山，并乘兴赋诗。魏传统《题莲花山》联云："百态奇观俊丽，千姿秀美妖妍。"上海78岁老人兰斋写道："莲山葱郁千嶂翠，花儿苍茫万顷波。"陇右游子祁尚勇从阿拉伯吉达市写来贺词道："莲花山，花莲山，花儿人儿相争妍。曲罢人散花犹艳，花儿会上歌一曲，不夺头等誓不还，来年斯时再谱缘，天地正气贯日月，乡土文物需重建。"香港

唐坊滩

知名人士谭舜阶热情洋溢地赞颂道："曲径依山转，风光簇簇新。桃源何处去？此是武陵春。"

尕浪桥轶闻趣事

莲花山北麓奔腾东流的冶木河上，古时架有一座木桥，人称尕浪桥，这是从北面去莲花山的必经之道。新中国成立后，随着山场的活跃，经济的繁荣，人们嫌这桥过于简陋，即在距此不远的上游选址新修了一条石砌拱桥，名字仍叫尕浪桥。

尕浪桥新址所在地原来有一块直径约三米、高四米的独石，形如

尕浪桥

石柱，稳立冶木河中。20世纪60年代建桥时，人们想利用这块独石做桥墩，就把独石连腰炸断，打凿平整。但后来觉得此处河岸较宽，桥梁跨度过大，不好砌修，于是向下移动了砌筑的位置，终于砌筑起了目前使用的这座尕浪桥。这座桥原名不叫尕浪桥，因距此不远有一座修建于宋代的杨八郎庙，所以叫作八郎桥。八郎庙早就拆毁，但广约四五丈，高约二三丈的摩崖壁画和石崖上架木的石孔一直存留至今。秦腔戏《辕门斩子》中有杨六郎的一段唱词云："我大哥替宋王一命丧了，我二哥短剑归阴曹，我三哥马踏淤泥道，四八郎失落在番邦，五哥读经学大道，七弟高杆命不牢，我的父李陵碑前一命丧了，单丢下孤身延景保宋朝。"洮州黑松岭有杨四郎庙，这里有杨八郎庙。杨四郎、杨八郎"失落在番邦"的地点是不是在这里，因无文献可证，故不敢妄断，但这一带与杨家将有关的传说却也不少，这八郎湾、八郎庙、八郎桥、尕浪桥却是真实可靠的。据说冶木河中原来藏卧着一条蛟龙，这蛟龙常常兴风作浪，使冶木河起蛟（涨水）。有一年，蛟龙作怪，冶木河突然暴涨，水头有数丈高，直奔八郎桥而来。人们惊呼："水起蛟龙了！水起蛟龙了！"但是，排山倒海而来的冶木河水到了独石、八郎桥时，浪头却一落千丈，乖乖地从桥下流了过去。当地群众不大理解，为什么桥的上流排山倒海，桥下却风平浪静？当时有一位老人说："蛟不过桥，何况还有一个顶天立地的独石呢！"

冶木幽谷千古秀

莲花山南有羊沙河，东有洮河，北有冶木河。羊沙河水流涓涓，洮河汹涌澎湃，冶木河穿峡出谷。正是这些纵横交错的大小河流组成

冶木峡口

了莲花山的一道道风景。

冶木峡西起临潭县冶力关，东出康乐县莲麓乡足古川，长约10公里。清澈见底的冶木河自西向东，横贯冶木峡。尕浪桥从冶木河上跨过。桥下碧波翻银，桥上游人如织。峡的东西两头镶嵌着两颗耀眼的明珠——莲花山发电站和冶力关发电站。冶木峡是一幅北国的山水画卷。长达10公里的悬崖石峰，云霞掩映，古木参天，繁花似锦。老虎嘴、一线天、五松石、青枫桥、五彩坡、恶泉飞瀑、卧佛仰月等景点，鬼斧神工，具有北国之奇，南国之秀。假如你沿着崎岖小径，披柏拂柳，蹑足前行，在绵延不绝的苍松翠柏间，不时地会发现一簇簇怒放的花朵，蓝的、白的、红的……作家玄承东这样写道："冶木峡像一位涉世不深的农家少女，把她那迷人的倩影深藏在莲花山脚下，藏在莽莽苍苍的万木丛中。"冶木峡是一块尚未被公众发现、颇具开发价值的旅游

莲花山下

避暑胜地，东属康乐，西属临潭，属康乐的地段小，临潭部分正是冶木峡的精华所在。著名的五松石、恶泉飞瀑、一线天、老虎嘴、卧佛望月及峡谷画廊均在这里。

诗情画意药水峡

太子山自西向东绵延百余里，雪峰高耸，林海浩瀚，峡谷纵横，流水潺潺，是青藏高原向黄土高原过渡的明显标志。位于太子山北麓的药水峡是太子山自然保护区最具代表性的景区。

康（乐）蒿（支沟）公路从药水峡口经过，老远便可望见修在林区制高点——母山顶上的瞭望塔。母山过去是无名之山。相传很久以前，有一对母子白鸽飞临药水峡，它们被这座翠绿峻峭的山峰所吸引，来回盘旋，寻找栖息的巢穴。白鸽母子的行踪被一只觅食的鹞子发现，它对小白鸽穷追不舍。小白鸽左躲右闪，渐渐不支。在万分危急之时，母鸽展翅起飞，像箭一样直向鹞子扑去。它在鹞子左右飞翔干扰，使恼怒的鹞子放弃对小白鸽的追捕，转向母鸽进攻。小

药水峡

药水峡水库

白鸽虽逃脱了一劫，但它的妈妈却葬身鹞子的铁爪之下。可怜的小白鸽失去了母亲，每天盘旋在山顶上，"母咕母咕"凄鸣不止，最后竟忧伤而死。放牧的人们目睹了这感人的一幕，大家商议将鸽子殉命的山取名为"母山"。

药水峡谷呈南北走向。由于受地质褶皱变化的影响，群峰突兀，山势陡峭，峡谷幽深，四季湿润。独特的地理地形和气候，孕育了丰富的生物种群。乔木主要有冷杉、云杉、落叶松、油松、桦、椴等十余种。灌木、草本植物有740多种，野生动物中兽类有38种，鸟类123种，两栖和鱼类动物11种。这些山水草林、飞禽走兽互相依赖，和谐共存，构成了自然生态的生物链。春天，峡谷里山花争艳，万木吐翠，山顶白雪皑皑，云霞飞渡；夏天，烟雨朦胧，林涛起伏，激流飞珠，蜂鸣蝶舞；秋天，红叶如霞，山果垂枝，鹰矫鹿肥，候鸟云集。

关于药水峡一名的由来，有一个美丽的传说。相传唐贞观年间，这里树高林密，瘴雾笼罩。峡口一带瘟疫流行，百姓无药医治，贫病交加，苦不堪言。消息传到京城，朝廷派名医孙思邈前来查看瘟疫。他发觉这里日照

药水峡荷花湖

不足，瘴气有毒，腐叶阻流，饮水不洁，人畜均受其害，便就地采集药材，分发给百姓。瘟疫治愈后，他又在峡谷水源旁广撒药种，让雨水浸其药性，人畜饮用后，有病治病，无病强身。从此，各种药草代代繁衍，含有药汁的溪水长流不息，药水峡由此得名。相传当地一孕妇难产，气息奄奄，家人已感无望。孙思邈闻知后立即赶到抢救，他一把脉，母子均有脉相，只是失血过多，生命垂危，当即采取措施，使其得救。他对屋外等候的家人说："胎儿巨大，腹裂而降，此儿当记母之所痛，就名叫裂娃吧。"此事一传开，人们把裂娃所在的村庄也叫成裂娃村。后来的人们不知其故，依音将裂娃写作列屲。老百姓为纪念这位神医，家家签牌位供祭，后来又在药水峡修了药王庙，代代香火不绝。

药水峡常见的野生药材主要有党参、羌活、防风、冬花、猕猴桃、刺五加、柴胡、黄芪、赤芍等三百余种。可食用的菌类山珍有木耳、柳花、地耳、发菜、蘑菇以及蕨菜等。

药水峡自古林木茂盛。自明、清以来，随着当地人口的增加，此地成了康乐、临洮沿川一带木材和烧柴的主要来源，砍伐逐年加剧，使乔木分布逐年由浅山向脑山退移。特别是20世纪50年代到70年代，拉柴、拉椽的架子车出出进进延续了近二十年，峡口的桦、椴等乔灌林被砍伐殆尽。后来省上决定设立太子山林业总场，垂直管理，滥伐之风才得以刹住。经过二十多年的封山育林，加之民用建材、炊用能源的改进，这里的生态有了显著的恢复。有民谣唱道：

母山瞭望台

从前峡里没人烟，药王一个做神仙。

如今回归大自然，一帮一帮尽浪仙。

1983年7月，时任中共中央总书记的胡耀邦在肖华、杨静仁等同志的陪同下视察了药水峡的林场，随即便提出"种草种树，治穷致富"的号召。近十多年，太子山自然保护区管理局护林育林，并多方筹集资金，在药水峡建山门、铺油路、修宾馆、围湖泊、开发景点，集玩、住、游、吃、行于一体，游人可在这里赏山水之灵秀，观天地之造化，识物种之广博，闻传说之神奇，领民风之淳朴，品山珍之野味。

亥母千古存奇观

亥母寺佛塔

雄踞虎狼关口的夏牟山，翘首群山之上，俯视康（乐）临（洮）两县。站在夏牟山顶，南眺白石莲峰，但见岚烟含黛，紫气朦胧；北观长龙诸岭，山势蜿蜒起伏，农田如鳞；西望太子群峰，锐峰如削，积雪皑皑；东见洮水北去，急流滚滚，不舍昼夜。

夏牟山海拔2335米，民间习惯叫"亥母寺山"，是因山上有座千年古刹亥母寺。亥母寺古称云界寺，建于唐，兴于宋，盛于明，毁于清。明永乐时，有殿、楼、阁、亭25处，依山而建，鳞次相连，层层登高，极为壮观。几次大地震导致亥母洞塌落，殿阁亦有损坏，清同治之乱时为匪所焚。至民国时仅剩寺院一座，系乱后重建。现被毁寺院遗址依旧清晰可辨，宋明时期的砖瓦随地散落，庭院台地已长满灌木。该寺为藏传佛教寺西蜂窝寺（位于鸣鹿乡）支寺，法门始建在山下约四里之遥的徐家沟口，沿用为今日村名。寺对面的山梁上有条陡直的坡道，名曰"西番婆路"，可以想象当年吐蕃妇女朝山之众。寺的北侧为悬崖峭壁，半崖上凿有小路栈道，通往腰崖的佛洞和菩萨殿。1958年时，这一带被辟为牧场，林地面积由新中国成立初的一千多亩缩减到二百多亩，乔木被砍伐殆尽。当地群众以护林为名，对寺庙进行了维修保护。1978年后，寺内佛事活动逐渐恢复，并增建了6间北殿、6间南殿，重修了钢筋水泥仿古山门，山脚下新修接引殿一院。退耕还林二百多亩，绿化荒山300多亩，新植松柏80000余株，新修上山车道3华里，被县旅游部门列为康乐县重点景区之一。游人有诗云：

东临洮水西临关，遥望胭脂数重山。
香烟袅袅千余载，红尘滚滚几变迁。
西天原本有佛祖，东土何愁无仙山。
洮西自古多灵气，夏牟有幸遇佛缘。

关于诗中所说的"遇佛缘"，有一个久远的传说。据传武则天称帝后尊崇佛学，一位天竺高僧闻知后，执意要朝见这位名声显赫的天朝女皇。他携带佛教徒们捐赠的金银珠宝、香料、药种和三尊佛像，同弟子随从数人北上长安。经半年多的长途跋涉，终于到达吐蕃与大唐交界的边关——虎狼关。他们在驿站歇息时，得知陇西一带有叛军作乱，驿道不通。此时，驮载佛像的骆驼跪卧不起，引颈向夏牟山长鸣不止。僧众们顺势望去，只见夏牟山顶云霞灿烂，彩虹凌空，林木含烟，白鹤盘旋。高僧顿悟，天象所示，此山必有奇异非凡之处，既然吾佛显灵，天意不可违也。僧众们觅路登上夏牟山，只见古木参天，异兽出没，百卉争妍，花香扑鼻。僧人们发现在悬崖之上有一洞穴，攀登上去一看，洞深约三丈，正中一尊金刚亥母，与砂岩一体，天然无琢痕。僧人们以前曾听说金刚亥母世有三尊，不知所终，今得偶遇，惊喜异常，遂将洞穴定名亥母洞，并将所建寺院取名亥母寺。此洞于唐文宗开成四年（839年）洮西大地震时塌陷。

且说天竺僧人身在亥母寺，常怀东去长安面圣之意，后来有消息说"天后（武则天）驾崩"，他便打消了去长安的念头，将来时所带金银珠宝装满六口大缸，秘密埋入地下。主持于黄表上写道："五月十五月儿明，毛桃树下藏金银，敕令山神勤巡查，永世千年莫示人"，并在埋金银的地方植毛桃树以作标记。不料数年之后，漫山遍野都是毛桃树，再也辨不出当年埋宝之地。民间盛传"亥母寺有三缸金、三缸银，若要不信，桃大哥作证"。亥母寺山的毛桃为野生仁用桃，果肉成熟后干涩无味，不能食。其核大仁圆，味苦质优，年产数万斤，是药用、食用之上品。毛桃着花繁密，清明时开放，朱蕾粉瓣，花团垂枝，香飘数里，惹得蜂舞蝶飞，踏青赏花者络绎不绝。三样柳是夏牟山的独有树种，是镇寺之树。据说当年天竺高僧将所带药种撒入亥母寺山林，以期自行繁衍，供人采集，治病疗伤。但这些异邦草木不耐北国严寒，生存下来的寥寥无几，唯有三样柳落地生根，千年不死。三样柳属杨柳科，小的如灌，大的似乔，只因生有圆形、细长的叶片和一束花序，当地人按其特征称"三样柳"。依变形叶看，当属胡杨之一

亥母寺山桃花

种，但其生长习性、树形与新疆、内蒙古及河西走廊一带的胡杨树有差异。三样柳喜温湿、酸性肥土，不耐旱，多为丛生，三到四片叶便封顶，大树才显变形叶，而且绽叶迟，落叶早，顶部叶片有红、黄变色，无病虫害，有人多次试栽，易地不易成活，生长极慢，千年老树，树径还不足50厘米。三样柳具有解毒、消炎、清火之药效，其成分含胡杨碱，民间将其枝叶煎煮后用来医治眼疾和各种痈疖。此法缘于一个传说：相传山下徐家沟过去有家施主，家资盈实，仅骡马就圈满一条沟（今亦称马圈沟），老东家乐善好施，经常接济穷人，人们都称他"徐钱爷"。徐钱爷虽有万贯家产，却常常愁眉不展，原来他的孙子自幼患眼疾，近乎失明，多方求医，总不见好。有一年，徐钱爷领着孙子到亥母寺上香还愿，求佛保佑。寺上老僧笑呵呵道："老施主不必过虑，善当自有善报，今有一方，可去一试。"说着折来一束三样柳叮嘱："当用石洞滴水煎煮，擦洗服用，七日则可。"用后果然灵验。消息一传开，当地有个鱼肉百姓的官绅名叫胡士郎，一心想独霸三样柳，差人偷了一棵栽到自家院中，可是过了几天，树叶全蔫了，他将叶子摘下煮了一锅，让全家人喝下，以保今后百病不生。结果全家人上吐下泻，中毒而死。现寺后山坡上共有三样柳六十多棵，每逢佛会，寺管会指派专人守护，以防游人攀折。

亥母寺因毛桃树、三样柳的神奇传说而声名远播，历代当地州县官员、文人墨客都要到此一游，触景生情，吟诗抒怀。如陇上诗人吴镇的《云界寺》云：

洮郡西山西，上有云界寺。
梦想已十年，今春乃一至。
崖阴素花繁，洞口红药萌。
石经一发悬，湍沙苔崩坠。
飞楼插虚空，金碧绕山翠。
亥母果何神，环佩临天地。
徘徊落日下，山钟促归骑。

浩荡五岳游，发奋以此始。

来自莲花山下的香客们也表达了自己的心声：

> 亥母寺的盘山路，一盘盘到寺院里。
> 佛爷要把苍生度，弟子积德行善呢。
> 凡人都想天堂住，务要千年修炼呢。
> 和尚坟的毛桃树，花把枝枝压断呢。
> 腰崖上的肠肠路，走时两腿打战呢。
> 插牌顶上云拉雾，雨倒临康两县呢。

今日夏牟山亥母寺有僧人数名，专职佛事。寺管会每年农历三月举办桃花会，农历五月十五、九月十九日举行法会。届时香客游人如流水，上寺下寺香火盛；绿荫深处传笑语，梵音梵钟祈太平。

耳闻夯冰观奇景

洮水流珠，被誉为临洮八景和洮州十景之一。清代诗人吴镇在《我忆临洮好》中，曾以"寒水旧流珠""珠溅水三叉"等佳句描述过。但是生成于莲花山脚海甸峡与九甸峡之间的"夯冰"，却很少有人垂青。有关"夯冰"的农谚、歌谣，知者可能更少。

每年"立冬"以后，河水一结冰，洮河里就流淌起蚕豆大小的冰粒来。这种冰粒，在缓流中相结而聚，形成筛子、蒲篮和场院大小的结合体，缓缓而进，浮荡在绿波之上，恰似蓝天白云，沉沉飘忽。在急流中，受浪花之拍打，它们又化整为零，逐波流淌，酷似米粥开锅，翻腾不已。阳光一射，闪闪烁烁，堪称一大奇景。

这种洮水冰粒，当地人叫作"麻腐"。"麻腐"本是当地群众的一种传统佳肴。洮水流冰粒的现象和麻籽汁开锅后的形象一般无二，群众就把流珠取名"麻腐"。

而"夯冰"更是洮水流珠所孕育的一大奇观。每年"小寒"一过，天气变冷，流珠成千上万倍地增长，拥拥挤挤，熙熙攘攘，一起涌向海甸峡。海甸峡峡长水缓，河面极窄，一次接待不了骤然涌来得这么多不速之"客"。这些被拒之"门"外的"客人"就"聚众闹事"。它们经不住寒风的凛冽，抱成团，结成冰块，盖满峡谷，结成冰桥。后面涌来的"客人"见到先队同伙的厄运，被迫倒退。当退到无力支持时，就凭借"人"多势众，发着沙沙的喊声一齐向冰桥冲击。此时，结好的平坦冰桥被冲得冰飞水溅，陡起数丈。冰借水势，水靠冰威，一条狭窄的海甸峡被夯得严严实实。两岸结冰被掀起，一谷河水逆转急回。顷刻间，河谷成为湖泊，绿水成为冰川。当下面承受不了时，它们再一次发喊冲击，周而复始，形成"夯冰"奇观。这种奇观并不像流珠那么每岁光临。它的表演，在时间上，也没那么长久。一要天气严寒，二要流珠稠密，还只在"大雪"与"大寒"之间到来。若逢冬暖，还不光顾。

"夯冰"的出现与收成有关。当地农民为此编了不少农谚歌谣，如"夯冰夯到林儿哩，粮食装到瓶儿哩""夯冰夯到土排哩，粮食憋破口袋哩""夯

海甸峡

冰夯到门楼寺，粮食装到楼垛底（楼底下装粮）""夯冰夯到磨沟站，种一斗，打一石""冰不夯，眼泪淌""河盖盖，必有害"等。旧社会发"夯冰"时，有不少善男信女随着"夯冰"，溯河焚香祷告，祈求神灵和龙王驱赶"夯冰"走得远些、再远些，一直到达他们所追求的土排哩、门楼寺、磨沟站，以求来年得到好收成。

"夯冰"的出现其实是气候造成的。若没有"夯冰"，这完全是冬暖的缘故。冬暖了，流珠稀疏，无冰可"夯"；降雪少，土地封冻不佳，墒情难保，缺吃少穿，叹息抹泪的煎熬日月势在难免。反之，冷冻严寒，冰封雪盖，地冻三尺，墒情饱满；流珠汹涌，"夯冰"疾进，磨沟站三十华里之遥指日可达，这将预示着明年定然是个"种一斗，打一石"的收成年景了。至于"河盖盖，必有害"，就是因为气候特冷，上下两峡被冰桥连成一片，不见了河水。这样奇冷的严冬，必然把树皮冻裂，把牲畜冻死，把缺衣少穿的人们冻得走不出门来，断炊染患，自然成了灾害。所谓"不冷不热，五谷不结"，"久旱有久雨"，"酷暑必寒冬"，正是这个道理。

洮河放排

洮莲奇石凝造化

　　在康乐南部的莲花山下、洮河流域，重峦叠嶂，百壑千溪，无处不有石头的奇异风采。

　　洮莲石主要分布于九甸峡、海巅峡、冶木峡、康多峡等地带，亿万年来的地质运动、自然风化，塑造出了千奇百怪的奇石。它们有的像浮雕，有的像壁画，有人物、鸟兽、山水、花木，也有文字、神话传说；有的色泽斑斓，真是"上苍"之手笔，"神灵"之刀工。一块品位好的石头，要经过精打细磨、定形、抛光、上蜡等过程。石头的取名也是一个至关重要的环节，一般都邀请具有一定文化素养的人，根据图案定名，名取得好与否直接影响奇石的品位。20世纪80年代，山东、四川、河南、天水的奇石爱好者，千里迢迢来到莲花山下、洮河

洮莲奇石（1）

流域，带着搬运工具，扎帐篷觅石，一住就是几十天。

　　洮莲奇石主要以水沉岩为主，火成岩次之。在漫长的岁月中，多次地质构造的变动和岩浆活动，使岩石形成了变质岩。部分岩石被河水搬运滚动，石石相撞，石沙相磨，布满河床水道，形成了奇石的海洋。由于岩石中含有矿物质的成分不同，色泽、结晶、形态、硬度不同，在河水的冲刷、磨砺、撞击中形成的形态也就各不相同，因此产生了千姿百态的奇石。譬如张志远先生收藏的"敦煌壁画"石，飞天、伎乐天、反弹琵琶的舞女以及格外引人注目的佛国幻景等活灵活现，令人叹服，此石在兰州"中外奇石展览会"上荣获二等奖。"劈山救母"石在1998年康乐地方产品展中获一等奖。在"99兰州全国观赏石精品展"上，张志远收藏的"林海雪原""劈山救母""盗灵芝"三块奇石荣获一、二、三等奖。洮莲奇石石质细腻光滑坚硬，色彩反差强烈，花纹多变，纹理流畅，造型妙趣横生。

　　洮莲奇石可以用奇、古、灵、美四字来评价。奇，指许多奇石集奇异、奇妙、奇怪、奇趣于一身；古，指它们历经亿万年而成，阅尽天地沧桑；灵，指灵秀、灵气、活灵活现；美，无论人文景观、山水花卉、飞禽走兽、宇宙万象，还是生物化石、海绵化石、珊瑚石、画面石等，都是自然天成，透出巧夺天工之美，具有极高的观赏价值。

洮莲奇石（2）

　　洮莲奇石以独特的艺术魅力，吸引了各行各业的爱好者加入搜集、收藏的队伍。仅康乐境内规模不等的个人奇石馆就有十余处，爱好者有莲麓镇的斜角滩村、河口村、下扎村、寺址村、足古川村、蛇路村的群众和附城、康丰的部分干部群众，至少不下万人。洮河、冶木河流域的奇石爱好者比比皆是。家中案头、院子花园、窗台廊檐都摆满了奇石，收藏几十、几百到上千块的不乏其人。奇石爱好者将觅石、藏石、品石、展石、换石、售石、赠石结合在一起，以石养石，滚动发展，每年下来也有近万元的收入。奇石收藏改变了他们的生活，陶冶了情操，活跃了山乡文化。

八丹沟里"八石"石

苏集川东南部有条山沟叫"八丹"沟，这是由"八石（音dan）"石流传得名的。

相传，很早以前，这条山沟里有一户贫穷人家，当家的名叫马三，为人憨厚正直，家境贫寒，租种财主的土地。两口子拼死拼活用汗水换来的粮食，除去租子外所剩无几，过着"麦秆草房篱笆墙，青稞糊糊菜汤汤"的苦日子。

有一年，老天大旱，树叶晒卷了，禾苗晒枯了，连麻雀也渴死了，严重的干旱给穷人带来致命的灾难。马三蹲在麦场边的一块大石头上，瞅着背篓大的四个垛子发呆，深感山穷水尽，活路渺茫。

正当马三绝望之际，从羊肠小道走来一位中年人。此人肩上搭着褡裢，脚穿麻鞋，显得精悍而朴实。马三作揖搭讪，邀请他歇缓喝茶，客人说他是石匠，就寒暄起来。"你场里为啥没碌碡？""我两口人穿着一条裤，哪来钱财置碌碡？"石匠一听，指着他蹲过的石头说："这是一块难得的料石，我给你打个碌碡。"马三一听犯难说："好是好，工钱没啥开。"石匠哈哈一笑，爽朗地说："仁义值千金，工钱暂不要，待年景好了再说。"他从褡裢里取出锤凿，熟练地干起来，并再三叮咛，你们睡觉，我得加夜班。

叮叮当当响了一夜，天明时一颗碌碡放在场心里，石匠却无影无踪。马三将碌碡一滚，下面压着一张纸条，写有口诀。他不识字，跑到沟外一读书人家让读解，上写"受苦汉受苦汉，麦子豆子碾八石"，并说明使用碌碡前念上三遍，不得外传。

马三套上新碌碡碾场，将口诀念了三遍，这一天碾下的粮食果真多得惊人，简直不相信自己的眼睛。用斗一量，不多不少正好八石。以后无论摊多摊少，摊上麦子或摊上豆子，一场准是八石。

奇事像长了翅膀一样，很快传遍山沟。都说马三得了一颗宝碌碡，是神仙鲁班爷给凿的，一场能碾八石粮。穷哥们满怀希望，登门求借宝碌碡，有求必应。他帮助穷人们碾场，在大灾之年却获得了意外的大丰收。

沟里有个绰号叫"铁公鸡"的老财主，得知此事，心怀鬼胎，专程拜访马三。一进门就恶狠狠地说："山是我的山，地是我的地，石是我的石，你小子凿碌碡为啥不问我？"马三深知这家伙狠毒，怕惹祸端，机警地说："碌碡是我掏工钱凿的，你开一石粮食的工价，碌碡就给你。"铁公鸡一听，皮笑肉不笑地说："你的话中听，我的事好办，只要你把碌碡给我，别说一石工钱，免你一辈子不交租子。"马三怎能容忍财主横行霸道，机灵地篡改了口诀："有钱汉有钱汉，一场粮食装八石"，并反复嘱咐，不能念错一字。

铁公鸡摊了一场麦子，财主亲手操作，口中念念有词。可是，事与愿违，劳累了一天，碾下的粮食少得可怜，不到往常的十分之一。穷哥们一听奔走相告，都说，财主的粮食被宝碌碡装进肚里去了。老财主不服气，一意孤行，接连碾了三场，粮食一场更比一场少。舍命不舍财的铁公鸡懊恼纳闷，财主老婆出谋道："碌碡扎根儿是马三的，把他请来试试看。"马三赶着碌碡满场转，头一场碾了八石，碾第二场时，财主老婆惊叫一声："大家快看，出怪事啦，碌碡眼里淌粮食。"随着喊叫声，碌碡眼里的粮食不淌了。财主将老婆臭骂了一顿，然后气急败坏地指着碌碡怒吼道："你不叫我沾光，我也不叫穷鬼再沾光。"盛怒之下将碌碡推下山崖。只听轰一声巨响，碌碡爆成两半。流出无数小石子，有的像麦子，有的像豆子，"八石"石从此得名。"石"字有二音，两个石字连在一起容易读错，当地文人按谐音把"石"字改成"丹"字，有灵丹妙术、济贫惩恶的含义。打那个时候起，这条无名的山沟就起名"八丹"沟。

铁帮铜底虎狼关

康乐胭脂川、中砥川、苏集川素称"胭脂三川"。山脉逶迤汇合处有座险峻的关隘，名曰"虎狼关"。北面山形像蹲着的一只虎，南面山形似趴着一只狼。这里扼临洮、康乐两县之咽喉，形势险要，易守难攻，历来为兵家必争之地。古人有诗云："关号虎狼应有凭，漫看形势有何曾；双山不把三川锁，泄漏风光似武陵。"

相传，胭脂川是出产良驹骏马的风水宝地，尤其是赤兔名驹胭脂马，日行千里，夜走八百，名扬天下。好马者慕名而来，被秀丽的山川所吸引，流连忘返。虎狼关内万木葱茏，流水潺潺，桃花盛开，香溢四野。莲花山高耸入云，药水峡深邃莫测。

一天，从远方来了两位道士，一老一少，口称云游天下，替天行道，普度众生。殊不知二人貌正心邪。他们登上莲花山玉皇阁，将一宝珠盗去。游药水水峡时，他们见有一宝瓶，遂又起歹心。宝瓶原本是王母娘娘为蟠桃大会装琼浆之器，因有一砂眼渗漏，被扔出南天门外后飘落此地，镶嵌在石崖上，琼浆渗滴，醇香醉人，汇入溪流，故称药水。

两位道士得宝心切，使尽平生之力，无法取出宝瓶。老道发怒，拔剑砍去，只见金光一闪，宝瓶裂缝。二人明知惹了祸，逃之夭夭。从此，胭脂三川万木枯萎，四季颠倒，六月降雪，三九打雷，药水断流，民怨沸腾。来年六月，王母娘娘带七仙女下凡到莲花山游山玩景。众仙女一落地，见山色无光，河水干涸，百姓面容憔悴，遂将老道之事告诉给王母娘娘。

王母一听，怒从心头起，敕令两员天将搜遍五洲四海，务必将野道缉拿归案。约莫两个时辰，两道士被捉来。老道手捧宝珠，诚惶诚恐，叩头求饶。圣母接过宝珠，令仙女装在玉皇阁，驾祥云复临药水峡。见宝瓶破裂，圣母接过老道手中的宝剑说："解铃还须系铃人，剑伤须得用剑治。"言罢，将宝剑插入宝瓶，吹口仙气，宝剑一时化为乌有，宝瓶还原，金光灿灿，药水涓流。胭脂三川顿时百鸟欢唱，河水奔流，恢复了往日的盛景。两位野道面面相觑。圣母手持杨柳枝，将两道士领至胭脂三川的会合口，说："这是胭脂三川的门户，为了使这块世外桃源清静无扰，敕令你俩日夜守护，立功赎罪。"两道士俯首听命，诺诺连声。

此时王母犯难，守关绵绵无期，人老寿终后由谁来接替？圣母灵机一动，好！虎狼不吃人，威名在外。她指使老道挖一洞居北山，小道挖一洞居南山。夜间，圣母施展法术，左手指老道洞口，喝令："不要狗，不要狼，专要一只猛虎蹲山冈！"右手指小道洞口，喝令："不要羊，不要狗，专要一只恶狼守关口！"圣母手拂杨柳枝，口中念念有词，狂风咆哮，飞沙走石，虎啸狼吼，地动山摇，南北山势变成一对虎狼，雄踞关口。虎狼关由此而得名。

相士智取土司堡

苏家集有座山头叫鱼嘴山，山头有座城堡叫苏相士堡。

相传，元末明初，苏家集的杨土司强迫老百姓为他筑城堡、修楼房。城堡筑成后，他站在城楼上练弓习武，常把山下走路人当活靶随意射杀，伤不医治，死不偿命。老百姓百般咒骂，恨之入骨。只因城堡坚固，易守难攻，无可奈何。八松川有个智多星，人们叫他苏相士。他对杨土司的暴行耳闻目睹，愤怒至极，决心为民除害。一日，他扮成风水先生，来到城堡，谎称送吉祥、祛邪恶。土司视为贵宾，盛情款待，酒足饭饱后领风水先生上城堡观测。苏相士夸赞说："土司大人福大命大，两条青龙绕鱼嘴，一只朝靴踩塔关，占了块风水宝地。"说得土司心里直痒痒。苏相士话锋一转，"不过好是好，但还有点欠缺。""欠缺什么？"土司忙问。苏相士说："你这鱼头是死的，要是变成活鱼头就好多了。日后可称霸一方。""如何变法，请相士指教。""活鱼就得吞吐活水，你在靠城墙东边掏一眼井，与鸣鹿河贯通，内外交流，不就成了活鱼？还有一点，挖井的土必须堆在城南制高点，夯实筑成墩，就像鲤鱼跃龙门，额上一点红，鱼龙变化，驾云腾飞！"土司听了心花怒放，佩服苏相士智高谋深。

杨土司择日破土动工。苏相士推荐三名能手与土司家丁一道掏井，掌握内情。苏相士隔三岔五前来察看。挖了七七四十九天，苏相士测量井的深度与鸣鹿河持平，便组织老百姓黑夜开挖直洞，与井贯通，有了进城堡的通道。次日天麻麻亮，苦难深重的老百姓在苏相士带领下围城进攻。围城者从井内钻出来，里应外合，城堡很快被攻

183

克，杀死了罪大恶极的土司，将其财产分给贫苦大众。人们将苏相士抬起来，载歌载舞，欢呼胜利。为了纪念这个有意义的事件，当地百姓把鱼嘴山城堡叫苏相士堡，惩恶除霸的故事世代流传。

民间小吃受青睐

麦索 是康乐民间的应时传统小吃。每年五六月份，将七成熟的青稞或小麦整穗剪下，扎成小把，放在锅中蒸熟，脱粒簸净后在手推石磨上磨成四五厘米的长条，依口味加入蒜泥等调味品，色泽淡绿，味道清香，口感筋柔。此种吃法是过去青黄不接时期的产物，现已成为时令小吃。麦索因不宜久放，一般当天加工食用。每到逢集日，农妇们于大清早便带着加工好的麦索来赶集，饭店餐馆需要时须提前预订。

花炕子 是康乐人对烘烤大饼的俗称，是康乐地区节令、婚丧时的主食之一。其做法是用当地小麦粉（外地高筋粉味较差）发酵后，擀成直径40厘米左右的大饼，上面用铁齿夹掐上花纹，然后放入鏊中烘烤15分钟左右即熟。出鏊后在表面擦上清油，色泽黄亮，外脆内软，味道醇厚。待客上桌时要切成梭形或三角形小块，在盘中摞好，许多外地客人吃后念念不忘。炕子又是当地

小吃早市

订婚、接亲送礼的重要礼品，十个为一份。炕子做起来费时费面，农村中平时不做，城镇的一个馍馍铺每天也只能做二三十个。

油馃　是油炸面食的统称。康乐油馃主要包括油饼、麻花、酥馓、花馃四大类。油饼分大小油饼、甜面（未发酵）油饼、穿叉（汉族在宗教活动和祭奠时做）等；麻花分甜、咸、大、小；酥馓为粗细两种，粗的如油条，细的如筷子，色泽鲜亮，外形整齐，口感酥脆，是穆斯林在过节令、办婚庆时的重要食品；花馃在回、汉家中都做，但穆斯林家中做得更为典型，而且是宴席上最抢眼的食品，也是家庭主妇显示技艺的代表作。花馃制作比较繁杂，面团要按其颜色、味道分别调制，再通过擀、搓、切、捏、挽等手段做成虫鸟鱼兽、花草果蔬等花型。油炸后要求不变形，不褪色，不散架，不变软，既要好吃，又要好看。节令时，亲朋之间互送油馃是相传已久的风俗。

花面饭　康乐西南部海拔高，天气凉爽阴湿，适合种植生长期较短的莜麦和豆类。当地群众为改善这种杂粮的黏性和味道，将其按比例混合后，加工成一种新的面粉——花面。花面营养丰富，适合做成浆水面、臊子面、菜叶面，是清淡爽口、开胃解腻的一道辅助餐。花面饭在过去是度荒年的杂粮，现因产量较低，种植面积缩小，其价格远远高出高筋小麦面。

甜醅　康乐甜醅以莜麦、青稞、小麦为原料，风味各异。莜麦做的甜醅皮薄柔软，色泽乳白，口感细腻，酒味浓郁；青稞做的甜醅皮厚而硬，黏度较小，富有弹性；小麦做的甜醅软硬适中，色泽黄白。小吃店和市场出售的以莜麦甜醅为主，自家食用的甜醅因需两天左右的发酵时间，一般都在节日前制作，以便招待亲友和送礼、祭奠之用。

筏子　用羊内脏灌制的香肠，俗称筏子。羊的心肝肺营养丰富，但炒煮后营养流失较多，味道单一，许多人不喜欢吃。如果将其混在一起剁碎，加入调料和羊油，灌入肠中煮熟，食时勾以高汤，点几片香菜，切成小段而品，其味则大不一样，不仅油而不腻、嫩而不膻，而且营养成分合理，别具风味，是颇受欢迎的一道菜肴。

搅团　有洋芋搅团和豆面搅团两种。洋芋搅团的做法是将洋芋煮熟、凉冷、剥皮、放入石窝或木窝中杵成胶泥状，盛于碗中调上酸、辣、咸佐料即可食，类似西点土豆泥。但洋芋搅团随吃随做，才有滑、劲、鲜的特色。豆面搅团是将豌豆面熬成糊状凉冷（冬天可热吃）切成条块状，加入酸辣调味即可。

麻腐包子 麻腐即雌性火麻仁。其做法是将麻籽捣碎或碾细，用罗或纱布将麻仁过滤到文火热水锅中，使除去皮的麻仁凝结成团，捞出后可放入葱、盐等调料拌成包子馅。麻仁性平、味甘、能滑肠润燥，营养丰富，味道鲜美，但制作费时。

康乐特产俏陇原

康乐大白蚕豆 康乐境内的蚕豆种植已有数百年的历史。早在元、明时期，这里的蚕豆就作为军粮、马料，士兵行军作战时也以蚕豆充饥。康乐蚕豆以粒大、饱满、皮白、品质优良著称，被称为"西北蚕豆"，享誉国内外。20世纪70年代就被国家列入出口名优特产。

20世纪80年代末，全县将蚕豆列为四大支柱产业之一，农业和科研部门不断从外地引进新品种，并广泛推广垄作、套种、覆膜、授粉、喷肥等一系列新技术，亩产量大幅度提高种植面积占耕种面积的11%，豆类总产量达到6500多吨，国内市场消化2000多吨，外贸出口3000多吨，主要销往日本、西欧、东南亚和港澳。蚕豆在本地主要用于加工淀粉、粉条、副食品和小吃，全县有绿色食品厂、淀粉厂十多家，粉条、粉皮、豆腐作坊500多户。

乌龙头 又称卧龙头，落叶灌木，性喜阴凉潮湿，枝干直，带有毛刺。主要分布在八松、莲麓和莲花山、太子山林区。春季叶芽膨大

乌龙头

时，形成3~8厘米的叶包，状如龙头，采摘后经漂煮加入调味品即可食用。其色鲜绿，略带苦味，清凉爽口，解暑解毒，通常作为山珍小菜上席，是野生菜中的上品。民间食用已久，现加工成桶、袋装成品，鲜货于5月初上市，加工好的成品可存放12个月。

地耳　当地称作"地娃儿"，是一种野生食用菌。形似木耳，肉质较木耳薄，黑褐色，见水即刻柔软。经反复漂洗后可与浆水菜、葱、辣面等佐料搭配，制成包子馅和菜合子馅，也可凉拌，味道鲜美，营养丰富。地耳生于草丛地皮，形成于夏、秋多雨季节，采集主要在冬春季节。康乐气候温湿，宜于地耳生成，荒山荒坡上均有地耳。过去，地耳曾是乡下人度荒月的食物之一。20世纪80年代，食品加工企业开始加工地耳罐头，现多为软包装，是无污染、无公害的绿色食品。

柳花　菌类的一种，主要产于阴凉湿润的莲花山、太子山林区，生于柳树粗皮之上，形似木耳，色灰绿，薄而轻，温水发泡后，加入佐料，可作为凉菜食用。市场上以袋装干货出售，颇具市场潜力。

蕨菜　孢子繁殖的多年生草本植物，嫩叶茎可食用，地下茎可制淀粉。主要分布在八松、鸣鹿、

蕨菜

草滩、五户、景古、莲麓和太子山、莲花山林区。品种有绿蕨菜、白蕨菜、黑紫蕨菜，以白、黑蕨菜为佳。1985—1995年，康乐的蕨菜收购、加工、出口达到高峰期，鲜蕨菜腌制达600多吨，干蕨菜出口100多吨，干货每斤达40元左右，主要销往日本、韩国、东南亚和港、澳地区。近年主要以小袋包装的腌制品和鲜蕨为主，市场供不应求。

蘑菇　康乐林草丰茂，空气清新，水源洁净，温度适中，适宜野生蘑菇的生长。尤其是南部林缘地带，每年七八月份，蘑菇成片丛生，随地可见，两三天一茬，采摘不绝。按其形状主要有麦扇菇、狼肚菇、棒槌菇、疙瘩菇等。其中麦扇菇数量最多，若在阴雨后进山，一两个小时便可捡十多公斤。狼肚菇状如动物胃壁，布满网状小孔，是野生蘑菇中的珍品，因对肠胃病、肿瘤有一定疗效，因而身价倍增，每公斤价格近千元。

当归鸡　据《大明本草》记载，当归具有活血养血补气之功效。康乐新华牧业有限责任公司结合甘肃农业大学的科研成果，选用高品质三黄雏鸡，采用标准化养殖技术，以当归、党参等多种中药材为饲料添加剂配制全新饲粮，通过鸡体的转化和富集效应，培育出肉质鲜嫩、味美醇厚、营养丰富的胭脂川"当归鸡"。"当归鸡"含蛋白质23.2%，脂肪0.82%，每100g含胆固醇93.40mgg，总氨基酸22.77%。是普通鸡的数倍。"当归鸡"绿色天然、滋味独特，长期食用有益健康。

当归鸡蛋由当归鸡生产的富含卵磷脂、胆碱双倍蛋白营养的鸡蛋。上市10年来受到消费者青睐，成为大受欢迎的礼品。经甘肃省饲料工业职业技能鉴定站培训考评详基地化验，其所含的18种微量元素均高出普通鸡蛋的5~10倍。

康乐"三醋"　醋是康乐人饮食中不可缺少而且很挑剔的调味品，醋的优劣，他们一嗅便知。康乐民间酿醋历史悠久，要求醋色正、汁清、味纯、无花无浊无沉淀物，酸度适中，清香淳厚，久放不坏。康乐生产纯粮优质名醋的有甘肃省康乐虎夫耶穆扶提道堂百年老醋坊酿制的"老醋坊"醋、甘肃义顺莲花山药业有限责任公司研发的纯天然当归系列当归醋、康乐县杨氏胭脂红醋业有限公司的百年手工作坊醋"杨氏胭脂红"。三家三大系列的醋基本垄断了康乐食醋市场并打开了县外市场。

康乐"排酸"牛肉与"清水牛排" 康乐牛肉均系引进的产肉量高、肉质细腻的德系西门达尔肉牛。在喂养过程中，使用优质的玉米秸秆氨化青储后作为饲料，严格执行国家检疫标准，建立肉牛可追述档案，对每头牛的喂养过程进行24小时监控，对生长过程进行详细记录，定时播放音乐缓解肉牛的紧张情绪，使每头肉牛在理想环境中生长。肉牛宰杀后经过自然冷却后，将其送入0℃~4℃恒温冷却间经过48~72小时后，使牛肉pH酸碱度值上升酸度下降，使其鲜嫩度和口感

得到改善。经过排酸工艺处理的牛肉柔软多汁，滋味鲜美，易于咀嚼，便于消化。有名的"康乐清水牛排"系列袋装熟食有"手撕牛肉""麻辣牛肉丝""酱牛肉""牛肉丸子"等30多个品种。

野生蘑菇

教育事业大发展

清代以前，康乐的富家子弟都前往临洮读书。至清末，康乐的王家沟、阿姑山、宋家园、当铺、杨家河、侯家沟、嘛呢寺、蔡家沟、斜角滩等20余村相继办起了私塾。1914年，洮西牛载坤等人首议创办八松"树风学校"；1918年石作柱创办线家滩"输文学校"；1919年，马有福等人在马家集创办"马家集小学"。到1949年，全县有初级中学一所，中心学校10所（其中女校1所），初级小学51所。

新中国成立后，特别是改革开放以来，全县学校教育快速发展，2013年全县有完全中学3所，初级中学13所，小学169所，幼儿园4所，职校1所，村级教学点45所，分布在全县15个乡镇的152个村，基本实现了小学不出村、初中不出乡、高中就近读的目标。

从20世纪90年代开始，康乐县的教育事业进入一个新的发展阶段。1996年，康乐被确定为"国家贫困地区义务教育工程项目"试点县，投资1545万元，改扩建小学53所，建筑面积达3.1万平方米；义教二期项目土建总投资794万元，改扩建学校5

康乐一中

所；中英项目土建总投资852万元，改扩建学校51所；农村寄宿制学校建设总投资3070万元，改扩建初中13所；危改工程投资268万元，维修学校28所。全县的中小学面貌彻底改观，无论到哪个乡村，最整洁、最漂亮、最显眼的建筑都是学校。

在抓教育设施建设的同时，为鼓励少数民族儿童入学，全县实施了长达10年的免收课本费、免收学杂费措施。干部职工、社会贤达捐款，救助了1000多名失学儿童。为提高教学质量，全县加强对教师队伍的定期培训，实行严格的准入制，并为所有中小学按类别配备了教学仪器，建立了22个微机室，32个卫星站，116个远程教育点。1999年9月，全县实现了"普初"目标，适龄儿童入学率达到97.1%，巩固率达到98.7%，少数民族儿童入学率达到96.5%，青壮年文盲从20世纪80年代初的42%下降到2005年的7%。

2008年以来，康乐教育以科学发展观为指导，坚持"巩固、深化、提高、发展"的方针，贯彻巩固提高"两基"，提升高中教育，发展职业教育，优化教育资源，提高教育质量的工作思路，教育事业有了空前的发展。实现了从幼儿园教育到高中教育的全程免费，近五年来共实施灾后重建、薄弱学校改造等各类教育项目376项，新建、改

龙头山下

扩建中小学141所，一大批幼儿园、中小学建成投入使用，崭新的校舍成为农村一道靓丽的风景，甘肃建院临夏康乐校区建成投入使用，职业教育取得突破性进展；学前教育、义务教育、高中教育协调发展，学前三年毛入园率由2010年21.3%提高到2015年的72.8%，高中教育阶段毛入学率46.3%提高到69.2%；2011年我县代表甘肃省接受了教育"两基"迎国检并顺利通过验收，被省政府评为全省"两基"工作先进县，国家三类城市语言文字达标工作和省政府教育督导评估工作通过验收；教育教学质量稳步提高，普通高考录取率由2010年79.3%提高到2015年的83.6%；2016年，全县普通高考一本上线57人，二本130人，民族本科165人，三本226人，本科上线人数较2015年相比净增138人。

七万农工走四方

康乐县五镇十乡，2016年总人口27.34万人，其中农村人口为24.79万人，农村劳动力达13.95万人，人均占有耕地仅1.3亩，农村富余劳动力在7万人左右。

2005年以来，康乐县针对工业基础薄弱、就业门路窄的现状，调整县域经济发展思路，积极实施"抓好劳务就是抓好扶贫、抓好劳务就是抓好项目"的发展战略，以技能培训为重点、以劳务协作为纽带、以基地建设为基础、以打造品牌为突破，在西部形成了以拉萨为中心，辐射西藏、新疆、青海等地的青藏劳务基地，1.5万康乐电焊劳务大军活跃在西藏拉萨及周边省、区；在东部形成了以南通为中心，辐射长三角、珠三角等经济发达地区的东南沿海劳务基地，1万多人在东南沿海创业就业，实现了少数民族务工人员向东南沿海成建制的组织输转，探索出一条民族地区富民强县的新路子。2009年，康乐县被评为"省级劳务输出工作示范县"；2011年，被评为全省劳务经济先进集体，受到省政府表彰。"十二五"期间全县共输转农村劳动力32.2万人，培训农村劳动力9.05万人，创劳务收入34.44亿元，占到农民人均纯收入43.14%。

2006年以来连续成功举办了七届甘肃康乐·江苏南通劳务洽谈会，2012年1月13日，第七届甘肃康乐江苏南通劳务洽谈暨春风送岗位活动在康乐举行，来自江苏南通的雄邦压铸以及苏州广运科技和松上电子的27家企业和6所职业院校参加，现场报名1167人。通过"政府搭台、企业唱戏、市场化运作"的模式，全县的组织输转工作从一开始的政府大包大揽逐步向市场化、规范化方向转变。在充分发挥劳务经济带头人的带动效应之下，形成了东西两大劳务基地，实现了南北并举、东进西出的输转格局，并将组织输转的重心逐步向东南沿海转移，使越来越多的赴东南沿海务工人员换了思想、学了技能、挣了票子。2016年，全县输转农村劳动力近6.32万人，创劳务收入9.3亿多元。

按照"巩固西部、开拓东部"的劳务输转思路，县上始终致力于

康乐农民工

巩固原有劳务基地，拓建新的劳务基地，截至2016年已在深圳哈森、青海玉树、江苏南通、广东东莞、西藏拉萨、江西新余、新疆、南京等地创建劳务基地35个，在江苏南通、苏州设立了驻外办事机构2个。

苗木全省居第一

康乐气候湿润，土壤肥沃，适应各类苗木繁育。全县152个村有120个村参与林木种苗生产，参与育苗的农户达2万多户，是甘肃省的苗木大县，云杉苗木储备量居全国第二，全省第一。

1985年，康乐县荣获"全国造林绿化先进县"称号，2000年被授予全省"国土绿化先进单位"，2003年被省政府命名为"实现宜林荒山绿化县"。

近年来，县上确立"政府引导、企业带动、农户主营、部门服务"的发展理念，以增加农民收入为目的，以市场需求为导向，发挥比较优势，培育壮大以"康乐云杉"为重点的林木育苗产业，五年跨越了两大步，前三年完成了建园区、扩大规模的阶段，2010年后两年进入提水平、促销售的发展阶段，育苗产业

云杉苗圃

成为全县五大支柱产业之一。

　　从2008年开始，连续五年县政府出台扶持政策，对育苗的农户、企业、合作社给予奖励补助，育苗资金从2009年的每亩补助60元增加到300元。对种子育苗从每亩3000元增加到5000元，对育苗大户最高奖励18万元。全县每年育苗面积以8千亩的发展速度递增，到2016年总面积达到6万多亩，其中千亩以上育苗基地10处，基本上形成了"公司+基地+农户"的经营模式。苗木主要销往内蒙古、宁夏、西藏、陕西、青海、河北等地。为了进一步加快育苗产业发展，县上投资600多万元新建育苗产业服务大厅，给育苗农户提供检疫办证、技术咨询、发布苗木销售点等方面的服务。

　　五年来累计销售各类苗木2500多万株，收入达3亿多元，仅2016年苗木销售综合收入就达到1.2亿元。每亩云杉，投资1万元，生长五年后收入可达到6万多元。苗木主产区农民人均纯收入中48%来自育苗产业。育苗产业已成为全县农民增收的支柱产业和富民产业。

关梁盘山道

康乐药材品质优

康乐独特的地理和气候，孕育了丰富的动植物资源，野生药材资源覆盖全县，有动物类、植物类、菌类、苔藓类、蕨类等7大类300余个品种，年采集量达100多万公斤。西南部太子山麓分布有羊花肚、猪苓、娃娃鱼、冬虫夏草、九节菖蒲、蚕羌、野党参、鸡爪黄连、麝、鹿茸等名贵药材。东北干旱区有麻黄草、甘草等特色药材。以茎叶入药的有蒲公英、细辛、艾草、淫羊霍、萹蓄、败酱草、五月艾、益母草等；以花入药的有款冬花、草红花、白芍药、菊花等；以皮入药的有黄檗、白鲜皮、地骨皮、丹皮；以根茎入药的有菖蒲、羌活、赤芍、升麻、泡生、狼毒、藁苯等；以籽实入药的有杏仁、李仁、牛籽、桃仁、女贞子、车前子、当归、菟丝子等；以果入药的有枸杞、凤栗壳等。动物类药材有娃娃鱼、鹿茸、麝、獭、蟾蜍、猫头鹰、牛黄等；菌类药材有猪苓、羊花肚、马尿泡、冬虫夏草等；蕨类药材有贯众等；矿物类有蜂蜜、蜂蜡、蜂房等。

2000年以来，种植药材的经济效益日益凸显，许多农户靠种药致富，药农自发开展了广角度、深层次的探索，

当归

总结了不少成功经验。在此基础上，县委县政府审时度势，坚持典型引路、示范带动、循序渐进、适度扩展的方针，力争把中药材产业培育提升为康乐县经济建设的支柱产业之一，将康乐打造成了为"甘肃省中药材种植大县"和"甘肃省地产中药材集散地"。同时，改造县城、草滩和景古三大中药材市场，发展中药材农民专业合作，培育中药材贩运大户，建设三大生产基地。在景古、五户、草滩、胭脂、上湾、八松等西南部高寒山阴地区乡镇把当归种植作为主导产业来抓；在鸣鹿、苏集、八松、附城、莲麓等浅山区及部分川水区发展柴胡、防风、冬花、秦艽等药材；在康丰、虎关、流川、白王、八丹等北部干旱乡镇发展党参育苗。至2016年，全县中药材种植面积已达6.22万亩。年产各种药材2.4万多吨。新建景古镇景古村、五户乡汪滩村、草滩乡多乐村、上湾三条沟村、八丹叶素村、八松乡龚家庄村、康乐绿色食品厂等7处500亩以上的中药材生产基地。

康乐义顺药业有限责任公司经过示范、试验、推广，引导群众种植适宜的中药材、完善了"市场+企业+基地+合作社+农户"的协作模式，形成了生产、加工、销售一条龙服务的格局。并成功开发了当归醋、当归系列化妆品及当归口服液等产品。当归鸡、当归蛋等绿色食品已美名远扬。义顺牌党参壮根灵基本覆盖临夏、定西、陇南等党参主产区，为当地药材生产做出了积极贡献。

引得清泉进万家

康乐西高东低，西南部阴湿，东北部干旱缺水。千百年来人畜饮水主要靠附近山沟中的泉水，特别是家居高山上的群众，长年要从山

北部饮水工程

下的沟里担水、驮水。但随着人口增长，植被减少，北部的泉水也逐年减少，尤其是冬春季、饮水困难时常发生。而西南部太子山涵养林区则有数百眼濚泉、十多条水质纯净的溪流。虽流经川区河沟，但未能充分利用。

　　从2005年至2012年，县上实施了北部、扎子河、东南部、麻山峡人饮安全工程，投资数千万元，管网覆盖全县15个乡镇95%的缺水村社，入户率达到92%，解决了13万人的饮水问题，加上历年所建的各种集中式人饮解困工程16处，覆盖人口4.38万人，全县共计有4/5的人口解决了千百年来饮水的问题，实现了多少代人梦寐以求的愿望。

> 太子千泉涌，清溪万古流。
> 河边宜灌地，沟底自饮牛。
> 代代山梁住，家家吃水愁。
> 如今遂我愿，户户进龙头。

和睦和顺促和谐

　　康乐是一个多民族杂居、多宗教并存的县。据2012年统计，全县总人口268300人，其中回族145808人，汉族108441人，东乡族13873

人。回族和东乡族全民信仰伊斯兰教。在康乐的穆斯林又分为穆扶提、张门、白庄、胡门、华寺、杨门、临洮、丁门、撒拉、沙沟和伊赫瓦尼11个教派，其中穆扶提、张门、伊赫瓦尼、白庄、胡门的人数（在康乐）居多。全县清真寺420多座，拱北27处。汉族多数信仰汉传和藏传佛教，现有佛教寺院62处，只在传统法会时才集中活动，其余时间由寺管会轮值守寺。道教在乡间无宗教场所，莲花山有一处，但无道士；民间有"阴阳"，即堪舆家，其职业是看风水，举行宗教葬礼。信仰基督教的人数较少，目前尚无正式宗教场所。

改革开放以来，随着宗教场所和宗教活动的增多，信教群众的负担也相应增多，县统战和宗教部门高度重视民族宗教工作，依法加强对宗教场所的管理，经常对神职人员进行法律法规教育，及时查处出现的问题。坚持自主办教，拒绝外来传教，坚决打击"法轮功"等类似的邪教及打着宗教旗号的各种违法犯罪活动，严密防范境外"三种势力"的渗透。并在群众当中广泛开展科普宣传和无神论的宣传。同时积极维护宗教场所的权益，尊重信教群众的传统习俗和宗教文化。引导宗教人士与时俱进，开阔眼界，提高法制意识和政策水平，自觉遵守法律法令和各项政策，使宗教成为社会主义精神文明建设的积极

康乐县城新广场

因素。

近十多年来，各宗教之间平等相待，互不干预，互相协作。民族宗教人士经常利用宗教场所和自身的影响，宣传党的方针政策、法律法规，引导信教群众重视文化教育，尊重科学，破除封建迷信，摒弃迂腐观念，更新思想意识，接受新生事物，适应新的生活方式，并在禁毒宣传、排解民间纠纷、帮贫解困、保护生态、开发旅游资源、传播传统美德、保护民俗文化等方面做出了显著贡献。今日的康乐，各民族兄弟互帮互学，同舟共济，友好相处，亲如一家。

义顺发达重慈善

"义顺"商号最初创建于1925年，是康乐起步较早，发展较快的民营企业。到2013年公司已发展成为集"科研、生产、营销"为一体的集团化企业。现辖康乐县义顺农工商公司、兰州义顺工贸有限责任公司、甘肃义顺莲花山药业有限责任公司、甘肃莲花山土特产有限公司四个公司。下设五粮液专卖店、剑南春专卖店，义顺酒庄、义顺连锁超市、配送中心、中药材加工厂、洗涤化妆品加工厂、当归醋加工厂、壮根灵科研开发中心、莲花山中药材科研开发中心等部门。现有员工260人。

义顺拥有"义顺""陇宝""乐润""乐顺""莲花山"等注册商标十余件，其中"义顺""陇宝"双获"甘肃省著名商标"称号。

自产自销的陇宝牌当归醋、乐润、乐顺牌当归系列化妆品、陇宝牌药膳得到广大消费者的喜爱。科研开发中心研发的义顺牌党参、当归、桔梗壮根灵，通过省级科研成果鉴定，技术达到国内领先水平，通过国家发改委组织的国家专家组评审。13年来累计推广面积达到168万亩，为药农增加产值13亿多元。

义顺人遵循"团结、勤奋、创新、提高的"企业宗旨，致力于企业、员工、社会和谐发展。

2012年6月4日，为纪念康乐县义顺农工商公司成立20周年而举办的"风雨同行二十春秋，携手共铸百年义顺"庆典活动，募集专项资金1050万元，9月3日"甘肃省光彩会义顺千万助学公益项目"在康乐启动，为康乐县高考前30名优秀大学生颁发了价值10万多元的"义顺金榜题名奖"，为康乐一中100名家庭贫困的高中生设立了20万元"义顺助学金"，为20名康乐籍家庭贫困的大学生设立了40万元"义顺奖学金"，为义顺员工子女设立了"义顺成才奖"，并为联村联户项目、扶贫救灾积极捐款，2012年度实捐款捐物价值超过80万元。二十多年义顺公司累计捐款捐物价值超过500多万元。

文体活动呈多彩

康乐在20世纪五六十年代被誉为临夏州的"文化县"。除重视文化教育外，各族群众钟情于闹社火、唱秦腔、唱花儿、学字画、办庙会、讲故事。南部莲麓、景古、五户的群众喜爱莲花山花儿，北部虎关、流川、白王一带的回族群众喜爱河州花儿。纯汉族居住的村都曾办过社火队，1982年社火队多达83家，参与表演的群众达20000多人。社火除在本县演出外，还应邀到兄弟县市去表演，雍家、马寨、囊古坡社火队在全州调演中还多次获奖。农民剧团一度发展到15个，莲麓扎那山、景古牟家沟、苏集马寨、五户丁滩、康丰辛雍家等村能

文化出版物

登台正式演出的农民演员多达数百人。在农村文化活动持续升温的同时，县直单位、城镇居民和校园文化活动方兴未艾。每逢重大节日，县工青妇、文化主管部门都要组织职工和学校师生演出，职工较多的单位还要举办自己的专场演出。由中老年人自愿组合的健身操队、舞蹈队、武术队、爬山队每天活跃在河边树林、文化广场、龙头山和孙家山。他们自备活动器械，统一定做服装，经常为县上的庆典活动表演助兴。特别是全县十多个定期庙会都离不开文化搭台。除了秦腔传统戏外，现代歌舞、花儿演唱、广场韵律操也走近了神坛，人数众多的花儿歌手也随着庙会赶场。县文联各协会自筹活动经费，广泛吸纳新会员，定期举办书法、绘画、摄影作品展、文学创作笔会以及对外交流活动。2013年县文联组稿出版了反映康乐业余作者近十年文学创作成果的《康乐文集》，并为《河州》杂志组织了"康乐专号"；县文化馆主办的文学综合刊物《莲花山》已出至第12期；文体局新创刊的"非遗"刊物《天籁》已连出5期；县畜牧局还精编了"牛文化综合画册"。县博物馆继"康乐史前博物馆""康乐红军长征博物馆"后又开辟了"牛文化博物馆"。到2016年6月，全县已有15个乡镇建起硬件达标的文化站，有152个村办起"农家书屋"，每个书屋配发了统一的图书、书柜、桌椅和报架，为80%的村

送文化下乡

配发了篮球架，硬化了球场，配发了190套乒乓球台。从2005年以来，县上形成了两大民间定期赛事：一是以白王、草滩、上湾、苏集、流川等乡镇为赛点的"农民迎春篮球赛"，由篮球爱好者、村干部、知名人士、企业家组织，有上百支队参赛，覆盖面大、持续时间长，观众达数十多万人次；二是"摩托车河滩挑战赛，"民间人士组办，每年7月举行，参赛队员除本县的外，有来自青海、兰州及相邻县市的选手，总赛程200~400公里。因影响逐年扩大，参赛选手逐年增多，赛车、赛服、赛规已向职业赛事升格。2013年赛程已延伸至临洮、和政等县。

肉牛品牌享盛誉

康乐境内生态条件优越，林草茂盛，畜牧业久负盛名。2000年以来，康乐县围绕"产业富民、农牧稳州"的发展战略，立足生态、传统和特色优势，坚持"规模化推进、区域化布局、标准化生产、产业

化经营"的发展思路，把以肉牛为龙头的草食畜牧业作为富民强县的一大支柱产业来培育，按照"公司＋基地＋协会＋农户"的模式，走"强龙头、建基地、带农户"的路子，通过政策配套、资金扶持、提升服务等措施，探索建立了政府引导、融资、利益联结、品牌打造、市场开发等方面的良性运行机制，形成了完整的肉牛产业发展链条，肉牛产业呈现出强劲的发展势头，被甘肃省确定为肉牛产业大县，成为甘肃中南部肉牛繁殖、育肥、加工营销中心。"政府引导、协会组织，龙头带动、农户参与、科技支撑、市场运作"的"康乐模式"成为省内外学习借鉴的成功模式。全县草食畜饲养量年平均达40多万头(只)，其中肉牛饲养量16万头，规模养殖户6750户，出栏6.5万头，农民年人均牧业纯收入达到1000元，占农民年人均纯收入的26.4%。

通过标准化养殖，区域化布局，科学化繁育，集约化经营，循环化发展，完善营销市场，培育重点龙头企业，肉牛产业水平持续提高。全县累计建成存栏百头以上肉牛规模养殖场（小区）170个，其中存栏千头以上的17个，国家级标准化规模养殖小区1个，省级标准化规模养殖场3个，州级标准化规模养殖场13个，农村户均饲养量达到3.4头，肉牛规模养殖比重达到65%。通过良种、良舍、良料、良医、良法"五良"配套技术的推广应用，肉牛羊出栏率、商品率分别达到60%和80%。全县配套技术入户率高达85%以上，累计建成户用沼气1.52万座，畜禽养殖场沼气治理工程5处，建设20000吨畜禽有机肥生产线一条，康美集团的"肉牛养殖（屠宰）—沼气发电"、信康公司的"肉牛养殖—沼气—苗木繁育"和华昱公司的"秸秆利用—肉牛养殖—沼气—设施

赛牛会上

蔬菜种植"等一大批循环示范基地对全县循环经济建设起到了良好的示范带动作用。全县围绕肉牛产业培育建成国家级农业产业化重点龙头企业1家，省级农业产业化重点龙头企业3家，肉牛生产初步形成了"千家万户繁育、集中规模育肥、专业屠宰加工、冷链网络销售"的产业化格局，肉牛营销已形成了以康美集团高端产品销售和康清牛肉营销农民专业合作社普通牛肉销售并举的冷鲜牛肉营销网络，全县长年从事畜禽及其产品贩运的营销专业户达到3000多户，在兰州等地开设"康美农庄专卖店""康乐牛肉直营店"30多家，年屠宰销售牛羊肉30000多吨，形成了产、供、销一体化的产业体系，市场竞争实力明显增强。

自2007年开始实行良种母牛补贴，对饲养3头以上母牛户每头每年补助300元，并实行免费冻配，全县实现了能繁母牛冻配全覆盖；2012年每村补助200万元，从母牛引进、暖棚圈舍建造、青贮池建设、购置铡草机等方面进行扶持，建设了50个母牛繁育示范村，扶持建成了全州最大的良种母牛繁育基地——康乐县德隆公司，引进推广德系肉乳兼用型西门塔尔牛（弗莱维赫），形成了饲养规模达到2万头的"康乐肉牛"核心选育群，全县能繁母牛存栏达到4.8万头。农户每

现代牛棚

年复套种饲草10万亩,多年生牧草留床5万亩,推广种植饲用玉米15万亩以上,年玉米秸秆青贮量达到32万吨,玉米秸秆利用率达68%以上。在疫情防控方面,建立农户动物免疫卡,实行动态化管理,规模养殖场实行动物防疫责任承诺制,并将县上的各项优惠扶持政策与防疫工作挂钩,加强规模养殖场的防疫监管,促进全县防疫管理水平提升。

康乐县在肉牛产业培育中,探索建立了政府引导、融资、利益联结、品牌打造、市场开发等方面的良性运行机制。连续出台了《关于肉牛产业发展的意见》,制定了"康乐县贷款贴息实施细则"等11个配套优惠政策和12个技术规范。2013年又实施了"金牛富民工程"。自2010年来,县上共兑现各类扶持资金1129万元。"康乐模式",不仅推动了康乐县肉牛产业的持续快速发展,也为省内外畜牧产业发展提供了成功的发展经验。在融投资渠道上,探索出了金牛资产担保公司、农村妇女养殖贷款、村级扶贫基金会等融资模式。建成了总投资2亿多元的国家级农业产业化龙头企业、国家扶贫龙头企业——甘肃康美集团,组织成立了甘肃省畜牧业协会牛业分会、康乐牛肉营销协会等25个肉牛养殖、加工、营销合作组织。推行订单生产,实行交售肉牛奖励政策,使龙头企业与养殖户之间建立了良好的利益联结机制。在品牌建设上,以政府为主导,连续成功举办五届赛牛相牛大会,集中打造"康乐牛肉""康乐牛排"两大品牌;以康美集团为主导,全力打造"康美农庄"牛肉品牌和"康美清水牛排"餐饮品牌。政府、企业共同联动,全力打造"清真、绿色、国际标准"牛羊产品品牌。市场体系建设不断健全。建成了总投资5600万元,占地面积130亩的规模化、信息化、电子化的全封闭牛羊暨产品交易市场。胭脂三川打造的"中国牛谷"已初具规模。

旅游扶贫大通道

太子山自然保护区东段北麓位于康乐县境内，绵延70余公里，向东北延伸支脉在地质演变中形成15条由西向东的沟梁，峡谷中山泉喷涌，溪流交汇，冬夏长流。一道道山梁草木繁茂，似苍龙逶迤。在约50万亩的区域内，海拔3000米以上的抱儿子山、尖石山、大羊圈山、白石山、大青山、花崖山并肩相连，气势磅礴。山麓林海起伏，山花争艳，鸟兽出没，山顶白雪皑皑，云雾缭绕。林间草地生长着可食用的蘑菇、草莓、蕨菜、乌龙头、鹿角菜和上百种野生药材。气候温润阴湿，年平均气温5℃左右，暑期常温23℃左右。近年来一些游客在游玩之余叹惜：想不到离兰州仅百里的地方有这么丰富的原始生态资源，有这么清纯的绿水青山，何愁没有金山银山。

2016年，县上为了改变"青山绿水妖娆姿，近在咫尺无人知"的现状，筹集资金，修建全长105公里、投资6.95亿元的"旅游扶贫大通道"。通道沿太子山自然保护区林缘的15条沟梁蜿蜒盘绕，途经八松、鸣鹿、八丹、上湾、草滩、五户、景

太子山

建设中的旅游扶贫大通道

古、莲麓8个乡镇的18乡村，可带动7万多乡村人口发展农家乐、自驾游、经营土特产等相关产业。

旅游扶贫大通道从药水峡口的葱滩入口，沿途经过的中沟、蔡子沟、草长沟、扎子河、竹子沟、直沟、后墩湾大峡、石板沟、三条沟、瓜梁、前墩湾大峡、槐沟、才子沟、车长沟、打门、温家河、紫沟峡、八字沟、安龙、麻家峡、牟家沟、坟湾、大山沟等地的地貌生态分别处在谷地草原带、山地灌丛带、山地阔叶林带、亚高山针叶林带、亚高山矮林带，海拔在2200~2600米之间。自然景观有：高原地

建设中的旅游扶贫大通道

质地貌、高原梯次生态、稀有动植物、悬崖奇石、幽谷迷径、喷泉瀑布、白石暑雪、药水灵津、高寒农作物；历史遗迹有：大马家滩关、小马家滩关、麻山关、俺龙关遗址；有600年前开拓的茶客古道；有瓜梁、朱家山古战场；有蓝川、水池、景古城古郡县遗址和红军长征路过建立过苏维埃政权的景古、低寺坪、地乍山纪念地。人文景观有：药水度假村、母山瞭望塔、西蜂窝寺、上湾水库、扎古都寺、二郎庙、海甸峡水库、景古八龙宫、莲麓花儿广场、莲麓花儿传习所、莲花山唐坊滩、紫霄宫、金顶、玉皇阁等。沿途有八松桦树林、扎子河、鸣鹿蜂窝寺、拔字沟、上湾马巴、莲麓斜角滩、河口、足古川等50多家农家乐和茶庄。

旅游扶贫大通道的开辟把发展乡村旅游和精准扶贫有机结合起来，是扶贫开发搭上交通基础设施建设快车的举措，也是全方位发挥沿山乡镇旅游资源的优势，打造一乡一景，一村一品，鼓励沿路群众参与旅游服务业，通过开展各种经营活动，加快脱贫致富的宏观决策。同时县上结合建设"西北山地运动休闲度假旅游目的地和精准扶贫发展经济解决贫困人口脱贫的目标定位"，打造"生态康乐，美丽乡

建设中的旅游扶贫大通道

村""大山深处，康乐人家""山地运动，尽享康乐"等品牌，采取了政府引导，企业投资，群众参与的模式，引进县内外有实力的企业投资开展旅游业，带动第三产业的发展。

旅游扶贫大通道全线贯通后，西接S317线，西通和政、临夏地区，东接S311线，南通临潭、卓尼、甘南诸地。

> 白石雪霁仲伏寒，亥姆桃红三月天。
> 太子幽峡溯远古，貂蝉赤兔传千年。
> 皇敕鸣鹿蜂窝寺，拱北丰台赵家湾。
> 陇上莲峰儒释道，朝山路上尽歌仙。

拆除棚户建新区

康乐县城始建于1940年，位于胭脂河、中砥河、苏集河交汇的三角地带，城区面积最初不到1平方公里，到20世纪90年代，城市规模有所发展，但布局混乱、房舍破旧、街道路面坑坑洼洼，水、电、通信、排污等功能严重滞后，县城远看似村庄，近看脏乱差。

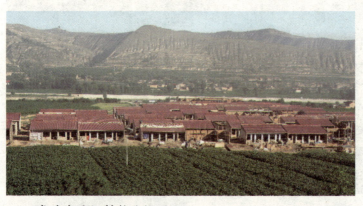

虎关乡吴坪村整体搬迁

　　1996年开始第一轮旧城改造，在"拆除平房修建楼房""推倒围墙，全民经商"的大趋势下，拆除了沿街500余间平房铺面，集资修建了三至五层的楼房，但限于当时的财力，依旧无排水和统一供暖设施。城镇居民的住宅全部为自建或房改时处理的平房小院，烧煤取暖、打井取水，垃圾堆河床，污水顺街流。缺乏统一规划，外观各异，线网乱架，管道乱埋，公共场地不断被蚕食。特别是新治街前后巷、体育场居民区地势低洼，常遭洪涝，下场巷、西街党校巷居民区夹杂原住农户，柴草、粪土、砖石随处堆放，脏乱不堪，棚户区的破败景象面临强化管理和持续维护的压力。

　　从2008年开始，县上加大了居民住房建设的力度，2008年至2014年，累计建成保障性住房3419套，同时将2155户3781人，人均住房14平米以下的城镇低收入家庭纳入城镇廉租房租赁补贴发放对象，累计核发补贴资金2563.626万元。2015年为加快棚户区改造的速度，县上成立了棚户区改造项目领导小组，分片成立了3个指挥部，抽调了一批有工作经验的干部，对集中连片的新治街前后巷、体育场、党校巷、西桥河沿几处棚户区的1006户进行动员搬迁和征收拆迁工作，当年签订《房屋征收补偿协议》940户，完成拆迁767户。对县城棚户区拆迁户分别在县城北苑小区和环城北路棚户区改造A区统一安置。北

足古川新农村

棚改前旧貌

苑小区占地58亩，建筑面积11.76万平方米，建成8栋890套安置房。环城北路棚户区改造项目占地50.26亩，总建筑面积16.75万平方米，建成6栋高层住宅，共1098套。

精准脱贫奔小康

2016年底，康乐县总人口27.34万人，其中农业人口24.79万人，有回、汉、东乡等9个民族，少数民族占总人口的60.17%，是国列、省列少数民族贫困县，也是国家六盘山片区扶贫攻坚重点县。依据国家扶贫标准，2013年底，全县有贫困村76个，建档立卡贫困人口7.65万人，贫困发生率为30.98%；2014年完成减贫2.06万人，贫困发生率下降到22.68%；2015年有0.32万户1.41万人脱贫，贫困发生率下降到

17.51%；2016 年有 0.3 万户 1.3281 万人脱贫，贫困发生率下降到 12.8%。

康乐县穷民穷的客观因素是人多地少，资源匮乏，财政拮据，缺少项目启动资金，交通滞后，对外来投资吸引力不足。主观因素是人口文化素质较低、生产经营规模小而杂，档次低效益差，劳动者缺乏专业技能，观念守旧，温饱即安，"等、靠、要"思想严重。

2016 年，县委、县政府认真贯彻中央、省、州精准扶贫工作会议和习近平精准扶贫系列重要讲话精神，汪洋副总理在全国精准扶贫建档立卡现场会上的讲话和在康乐县上湾乡马巴村调研时的指示精神，确立了"1268"的精准扶贫工作思路，即围绕"脱贫致富"一个目标，紧盯"贫困村""贫困户"两个对象，狠抓"基础建设、到户项目、旅游扶贫、产业扶贫、金融扶贫、智力扶贫"六项工作重点，落实"规划制定、资金整合、乡村整治、力量整合、督查督导、精准管理、责任靠实、干部锻炼"八项工作措施的 2016 年度精准扶贫工作思路。

2016 年，将八松乡南山村、附城镇高林湾村等 24 个村作为年度精准扶贫重点建设村，把 4260 户 18912 名贫困人口作为预计脱贫人口重点扶持，全力落实到村到户到人项目。围绕解决贫困村"吃水难、行

整修一新的莲麓镇线家湾村梯田

路难、用电难、上学难、就医难"等突出问题，着力抓好安全饮水、通社通户道路建设、电网改造、综合服务中心建设和文化设施建设，一次性改善贫困村基础设施条件和群众生产生活条件。实施了投资3352万元的精准扶贫建档立卡贫困村供水工程，解决了苏集镇、康丰乡、白王乡、流川乡、五户乡、鸣鹿乡等6乡镇的14个贫困村、130个自然村4305户，19361人口饮水安全问题，治理河堤6.7公里；投资1.05亿元硬化通村道路80公里，硬化村社道路186.79公里，拓宽农路24.6公里，修建便民桥29座；投资325万元，完成了鸣鹿乡拔字沟村和上湾乡马巴村2150户低电压农网改造升级；建设村级办公场所19处，修建村级文化广场23处；投资3810万元实施"改薄项目"学校31所，完成7所村小学、33所幼儿园、9个村生室的建设。同时，发放精准扶贫专项贷款2.65亿元，解决了4490户贫困户发展养殖、发展生产的资金困难；完成危房改造4100户；实施易地扶贫搬迁462户，完成3144户贫困户庭院亮化改造工程；对3879名贫困户劳力进行了专业技能培训，举办了160期科技、实用技术培训班。

在整体推进专项扶贫中，整合力度，分系统作业。一是加强旅游设施建设，开工建设药水峡至莲花山105公里的旅游扶贫大通道，实

上湾乡马巴村新貌

施拔字沟旅游综合开发项目，企业投资2000万元，政府1200万元，完成了水、路、幼儿园、村委会主体工程建设，康美旅游观光牧场已完成水渠1.3公里，内外环公路1.5公里，修停车场8000平米，建成花海58亩，游客接待处一处。二是推进产业扶贫，全县畜禽饲养量达到106.3万头（只），食草畜饲养量达42.17万头（只），肉牛饲养量突破20万头，出栏8万多头，完成畜牧业增加值2.28亿元；苗木留床6万亩，年销苗木400多万株，收入1.2亿元；中药材种植6.6万亩，产值达2亿元。输出劳务6.32万人，创收9.33亿元，三是实施金融扶贫，发放精准扶贫贷款2.65亿元，双联惠民贷款4459万元，村级产业发展互助社借款2703万元，中和农信康乐县自主服务社贷款1650万元，解决了96户龙头企业，35户养殖大户，1600户一般农户和4490户贫困户的产业发展资金困难问题。村级产业互助社达到129户，新建金融服务网点24处，实现了76个贫困村金融服务网点全覆盖。全县整合发改、扶贫、财政、交通、水利、旅游、农牧、林业等部门资金达8.9亿元。

　　一年来，县上投入了前所未有的财力人力，因村因户施策，定点定人帮扶，贫困人口稳定脱贫，全县贫困面逐年下降，精准扶贫工作成效初显。

八松乡南山村文化广场

后 记

当这套丛书完成之时，我们感觉如释重负。能够深入细致地书写地处古丝绸之路重镇上的一个自治州和它的主要少数民族的历史与文化，向外界展示这块热土这些年来取得的成就，让外界因为此书而对临夏产生更多的关注，我们甚感欣慰。

临夏州地貌复杂独特，文化多元绚丽，多民族和睦聚居，团结共荣。在文化大发展、大繁荣的新时期，展示临夏州的历史文化、发展新貌，传递临夏州各民族共同发展、团结进步的正能量，是本书的策划者、编著者的神圣职责。编纂一套既有历史客观性，又有阅读趣味性，既有地方百科知识，又能突出临夏特色和民族特色的"史话"，是顺应时代发展、满足人民精神文化需求的大事。

政协临夏州文史和学习委员会能够承担丛书的组织和编纂修订任务，体现了临夏州委、州政府对我们的信任，也是对我们这些年文史工作的高度信任、充分肯定。在州委、州政府主要领导的关心支持下，在各级政协领导的参与指导下，经过州、县（市）编写人员半年多来的共同努力，使这套丛书修订再版工作圆满完成。丛书共分12册，即《临夏州史话》《临夏市史话》《广河县史话》《临夏县史话》《永靖县史话》《康乐县史话》《和政县史话》《东乡县史话》《积石山县史话》《临夏回族史话》《临夏东乡族史话》《临夏保安族史话》。

本丛书修订再版的原则是坚持历史唯物主义，客观真实地反映历史中闪光的东西；始终坚持利党、利国、利民的立场，以传播正能量、增强自信、弘扬爱国主义和民族团结为宗旨。为此，哪怕是一件小事，只要蕴含了团结奋进的正能量，我们都会尽量查访写出。为了集思广益，进一步完善书稿，我们认真听取各方面的意见，并请省内对临夏文史有造诣的专家参与书稿审定，几度座谈，有些分册的篇目甚至几易其稿。编纂修订中我们着眼丛书全局，力避重复，即州史话中反映了的人或事，县、市史话简略述之。同时我们要求文章尽可能做到以故事叙史，以"小（个体）"见"大（事件）"，以求通俗易懂、老少咸宜。

在丛书工程告竣之际，衷心感谢州、县（市）各级领导给予本丛书编纂修订的支持和关怀，衷心感谢参与丛书编纂修订的各部门、各单位的密切配合，衷心感谢甘肃省委党史办、省民族事务委员会、省新闻出版广电局对这套丛书的最终审定和关心，衷心感谢为本丛书提供图片的我州摄影家朋友们及相关人士的全力支持，也衷心感谢出版、印刷部门的勠力协作。

由于编者学识有限，经验水平不一，虽几易其稿，仍恐有疏误不足之处，敬请各位读者纠其未谐、匡其未逮。

中国人民政治协商会议临夏回族自治州委员会
文史和学习委员会
二〇一七年六月